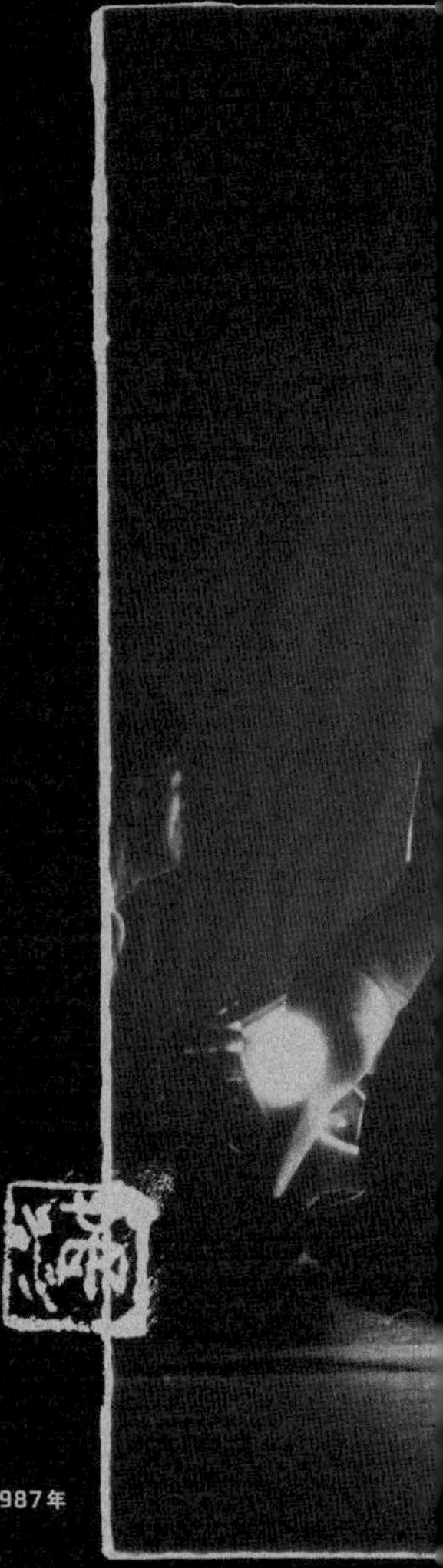

『水は天からちりぬるを』1987年

신세타령

김만리

人々舎

生きることのはじまり

目次

第七章　劇団「態変」旗揚げす　275

第八章　宇宙的な時間　319

プロローグ　ミルク玉つぶし

ある芝居小屋の客席にて。

開演のベルを合図に客席の明かりが落ちて真っ暗となり、しばらくすると役者の出を待つかのように舞台が明るく照らし出される。しかし、いっこうに役者の出てくる気配がしない。と突然、傍《かたわ》らの客が何か叫びだす。すると、あっちこっちから同じような声がしだし、何か大きなものを抱えて立ち上がる客たちが舞台へ向かい始める。はっとしてもういちど隣に目をやると、その人が障碍《しょうがい》者らしき人で、「うえに上げて、舞台に上げて」と絞り出すような声で呼びかけているのがようやく耳に入ってきた。

あっ、そうかこの人を上げなくっちゃいけないのだ、やっとそれに気づいて、慌てて声の主を抱えて舞台まで上げにいく。そのようにして舞台へ上げられた人たちが、舞台上のあっちこっちにごろごろ転がっている。と、転がりながら上の服を脱ぎだして、その下に着ている鮮やかな色のレオタード姿になるのが見えだす。ちょうど蝶の変態のように。

──私のやっている劇団「態変《たいへん》」の一九八七年の公演『水は天からちりぬるを』はこんなプロローグからはじまった。

劇団には、人を驚かせてナンボ、というのはつきものだとは思うが、役者が客席にいて、しかも客に抱えられながら舞台に上がるところはそうめったにあるまい。そう、もうお気づきのこととは思うが、私たちの劇団「態変」では舞台に上がるのは全員が身体障碍者。これは世界でも珍しいと思う。私は劇団を興した主宰者、いわゆる座長であり、すべての作品の台本を創り、演出も一手に引き受けている。そして私自身も、首から下は全身麻痺の、「小児マヒ」いわゆるポリオによる重度障碍者である。名前を金満里《キムマンリ》（本名―金満里子）といい、在日朝鮮人二世だ[★1]。

ここで私の身体的状態をもう少し詳しく説明しておくと、自力で坐っていられるが、微妙なバランスの上に成り立っているので、ちょっとでも外から力を加えられたり押されたりすると、簡単に倒れてしまう。自力で自分の体重を支えられないので、這《は》って移動することは何とかできても、車イスに乗るとか、高さの違うところへ体を移すことはできない。

足はぜんぜん動かないので、当然立つことはできない。腕は、少しは上下左右に動かすことができるが、ほとんど力はない。だが抱えられるときに相手の首に摑《つか》まることは、かろうじてできる。手は、自分でご飯を食べるとか、簡単な服を着るとかはなんとかやれる。トイレは、便器を持ってきてもらって自分で用足しをしてパンツを上げる、というところまではできるが、ズボンを上げるとか、ズボンの留め金を留めたり、ファスナーを上げたり下ろしたりはできない。

寝返りは、最近軽い羽毛布団に代えたので、なんとかできるようになった。首も、横に寝てなら頭を持ち上げられるが、仰向けに寝た姿勢から自力で頭を持ち上げることはできない。そして脊椎《せきつい》が彎曲《わんきょく》しているので、身体《からだ》がかなり変形している。ポリオにしてはかなり珍しい全身麻痺の重度障碍者である。

ポリオは肢体《したい》不自由がほとんどなので、言語障碍をともなうことはめったにない。私も言語障碍はなく、首から上は健常者と同じに見えるので、車イスに乗っているとそんなに重度には見えない。車イスの印象が先にくるので、乗っている人が重度かどうかまでは、すぐにはわからないようだ。だがとにかく、外出するには車イスでないと、それも押してくれる人がいないと、外には出られない。要するに日常生活のほとんどの部分で人の手を必要とするのだ。

しかし、芝居を始める前から私は一人暮らしをしており、劇団の旗揚げ当時で、もう九年ぐらいにはなっていた。と言えば、日常のほとんどの部分で人手がいる状態なのにいったいどうやって、と疑問に思う人もいるだろう。たしかに実際には二人暮らしのようなもので、ただしその相手が一日二交代で替わる。身の回りの手伝いをするために「介護者」が来てくれるのだ。だが、そこで生活している主体はあくまで私である。私たち障碍者の間では、こういう暮らしを、障碍者の「地域での自立生活」と呼んでいる。

そして、冒頭に紹介した、劇団にとっては四作目にあたる芝居『水は天からちりぬるを』は、私にとって大きな転機となった作品であった。それは私が三十二歳で初めての子どもを産んで一年後に、芝居に復帰して創ったものだったからである。

一人で暮らすことも演劇をすることも、それまでの私にとってまったく想像もしないことだったが、子どもを持つ、というのはその中でも最大級のものだった。私は人の手を通して自分の面倒をみているわけで、自分のことだけで精一杯であり、自分がいかに生きるかがまず第一だった。そしてそれまで、一人で生きていたほうが世間に借りをつくらなくてすむ、自分一人の身を張って生きることは、怖いもの知らずでキッパリしていて清々しくていい、と思っていた。

その逆に、子どもをつくることには、世間に人質をとられているような、借りをつくってしまったような、後ろめたさがついてまわる。子どもを持つことで、人は保守的になる。自分の子さえ良ければいい、というエゴイスティックな感情も湧き起こる。私は、人にそんな感情を起こさせる子育てというものは、社会悪だとさえ思っていたのだ。

そんな私が子どもを産んでしまった。しかもいつのまにか、そこから生まれてきた感情を、このとき、舞台の上で表現してしまっていたのである。

そのころ、産休で芝居を休んでいるときの公演パンフレットに、「世に産み落としてしまった責任云々《うんぬん》」とか「芝居をすることが初めて恐いと思った」などと、芝居と子どものことを重ねあわせて書いている。一人で暮らし始めたときも、障碍者だけで劇団をつくったときも、私はそれまで恐いものなしで生きてきたが、子どもを持ったことで初めて、世間が恐いと思った。だが、むしろそれはいいことだと思えた。恐れを知って初めて見えてくること、また、弱みを持つことで初めて持てる責任というものがあるような気がしたのである。

このとき、舞台も子どもも、けっきょくは私が産み出してしまったものなんだ、ということに初めて気がついたように思う。私が私として生きるために必要で、そのために紡ぎ出してしまったもの。そのこと自体には、良いとか悪いとかの注釈をつけようのないこと。それまで、常に目的に照らしあわせて意識的に生き方を選んでいく、というのに近い生活をしていた私は、そんなことが実際に自分の身にもふりかかるんだ、ということを初めて知ったような気がする。

またこれは、劇団にとっても大きな転機となった。それまでの「態変」の芝居は、障碍者が舞台の上から健常者（障碍を持っていない人）に「毒づき」、見る人を挑発していく、という傾向が強かったのだが、私がこの体験を経たことで、表現はもっと掘り下げられ、もっと内面的なものに変わっていく。『水は天からちりぬるを』は、そのきっかけになった作品だったのである。

さて、その内容はというと、表題通り、重要なテーマは水である。冒頭のシーンの、服を脱ぎ捨てて、鮮やかな色の身体の線をきわだたせるレオタード姿になるというのは一つのものを剝ぎ取って本来の自分になることを表わしている。

そうやって楽しんでいるうちに芝居では、舞台上で役者がそれぞれ化粧をしだす。これは、本来の自分に帰って楽しんだり遊んだりしているうちに、また色々なものを付着させてしまう、ということを表わしている。

そして今度は、透明の丸いボールに水をなみなみと満たし、それで顔の化粧を洗い落とす。最後には、舞台中央に置いてあった白い大きな丸いものから舞台全体に水が噴き出し、役者たちは水を得た魚のようにその水で潤い、喜びに興じながら、終いには潤いの源である白い物体までもを壊しだし、嬉しそうに去る。

これが、この作品の重要な流れだった。

この芝居には「人間のエネルギーはつまるところ創造と破壊の繰り返し」という私の信条が色濃く出ているが、こうしてみてみると、やはりこれは、子どもを産んでしまったという実感がつくらせた芝居だとつくづく思う。

中央の丸い白いものはたぶん子どもに与え続けるおっぱいであり、潤う水は、吸われ続ける乳だろう。現にこのときの舞台では、おっぱいがパンパンに張り、舞台上でレオタードに乳がにじんでいたほどだった。そのころは産んだ子どもにおっぱいを吸われ続けていた真っ最中だったのだ。

『水は天からちりぬるを』の舞台。卵の中に入っているのは一歳の息子。

だがそれも、舞台の上で潰されるミルク玉のように、いつかは終わる。
創造と破壊――それは、「親を越え、また自分も越えられる」という、永遠に繰り返される親殺しにも通じる、人間の成長への祈りなのかもしれない。

＊1 「金満里子」は戸籍に登録された名前で、朝鮮語では「キム・マンリジャ」と発音されるべきだが、家族は「まりこ」と呼んでいた。また外向けには「原田満里子」という通名（朝鮮を植民地支配していた日本が「創氏改名」により朝鮮人に日本式の名前を名乗らせていた続きで、解放後も外国人登録票に通名を併記してきた）も用いていた。「金満里」は通称名ということになる。金が通名を捨てて朝鮮人アイデンティティで生きていくことにしたときに選んだ呼称だが、「マンリジャ」なり「まりこ」では収まりが悪くてこの呼び方に落ち着いた。

第一章

母、そして幼いころ

私の生い立ちには、徹頭徹尾、普通ということが何一つない。かなり変わった存在である。

誕生したのは一九五三年十一月二日。大阪府の池田市というところで生まれた。よけいなことだが干支は巳、血液型はO型、星座は蠍《さそり》座である。私の母親は在日の一世。いわゆる朝鮮半島から日本に渡ってきた朝鮮人である。だから日本語はたどたどしく、苦手だ。また、この人は朝鮮の古典芸能の伝承者で、芸人として生きてきた。この母の生きざまによって私の存在がかなり規定された面は大きい。

在日朝鮮人という立場も、日本の中では少数派だと思うが、在日の中でも古典芸能家というのはもっと数少なく、一般的な在日の家庭ともまた違った特殊な家庭といえるだろう。

私は十人兄弟の末っ子で、母親は四十二歳のときに、他の兄弟とは父親の違う子どもとして私を産んだ。そして三歳のときにポリオに罹《かか》り、それ以来、小児マヒの後遺症として全身麻痺障碍者となり私の人生ははじまる。

在日の朝鮮古典芸能家という少数中の少数の珍しい家庭に生まれ、またそのうえに重度の障碍者になった。同じ立場の人を他に探そうとしてもそうはいない。この徹頭徹尾「普通」ということがない私の生い立ちは、結果として私には幸いしたと思う。

朝鮮古典芸能の至宝＝母・金紅珠《キムホンジュ》のこと

私の母親は日本でいえば明治の終わりの生まれで、今年八十五歳（初版執筆の一九九六年当時）。母の父親、私には祖父にあたる人が芸事が大好きで、はじめは普通の人だったのだが、芸能一座が村に巡業に来るたびに芸を覚え、それが高じて、しまいには家や妻を故郷に残して一座についていってしまったそうだ。そして、自らもピリ（朝鮮の笛）の名手として活躍し、そのころの朝鮮半島の政治君主であった李朝《りちょう》の王から贈り物として絹の反物をもらうほどになったという。その祖父には三人の娘がおり、三人とも芸人に育てた。一番上の娘は金緑珠《キムノクチュ》といって、朝鮮の琴を弾きながら歌う、カヤグム・ピョンチャンという芸能の、朝鮮半島でも名の通った名手になった。

私の母は二番目の娘で、上の姉とはかなり年が離れて生まれ、母が物心ついたときには、その姉はすでに朝鮮全土に名を馳せていたという。母はそういう環境で父親に教えられ、また姉の芸を見ながら、幼いころから自然に芸に親しんだ。そして六歳で、韓国のソウルにある「国際舞台」に立ち、その後、金紅珠という芸名で舞台生活を始めることになる。舞踊・楽器・歌とすべてに秀でていた母のデビューは、天才少女の出現と騒がれたそうである。とりわけ僧舞《スンム》という舞踊に関しては並ぶもののない見事さだった。私はそういうことを知らずに育ったが、少し大きくなって、家にあった在日韓国系の新聞で、「天才少女と騒がれた、古典芸能の名手」という母親に関しての記事をたまたま見つけ、母のすごさを初めて客観的に知らされた。

子どものいなかった長姉《ちょうし》に、母は子どもがわりにかわいがられ、姉の活躍していたウムユル座という一座で舞台生活がはじまる。巡業のないときは、親子して家へ帰り、祖父は下の二人の娘たちを学校にも通わせたらしい。当時は女の子が学校に通うことはとても珍しかったので、男の子の服を着せられ、女だということを隠して行かされたという。そのうち母は嫌になって学校へ行かなくなる。当時は登校拒否という概念もなく、逆に「ちょっと学校にも行ってみたけれど」というぐらいのものだったろう。そのぶん祖父は、家にいろいろな家庭教師を入れ、西洋のダンスや英語なども娘たちに触れさせたという。

母の妹は子どものうちに流行病《はやりやまい》で死んでしまうのだが、母とその妹とのエピソードにこんな話がある。

自分と妹では自分のほうがキツく、妹のほうが気性が柔らかだった。二人がお父さんに教えてもらうとき、よくできないとお仕置きをされる。そんなときはチマ（朝鮮の民族衣装のスカート）をめくって足のふくらはぎを出して立たせ、お父さんがふくらはぎをムチで叩くのだが、そのムチを、めいめいお互いの物を外に取ってこさせるのだ。そんなとき妹は、姉の痛いのを少しでも和らげようと、細い柳の枝を折って帰ってくる。自分はというと、どうせ叩かれるのなら一緒だと、かえって太くて痛そうなのを選んで帰ってくる。しかし実際には、細い柳ほど叩かれたら痛いものはない。

一度聞くとこの話は、私の脳裏に、あざやかな映像となって焼きついた。家父長制の徹底している朝鮮（そのころは北と南の分断などなく、朝鮮という一つの国だったのだ）にあって、子は親あってのもの。女は男に従属するもの。特に一家の長である父親の権限は絶対的で、当時のモラルにおいては、疑う余地のない、揺るぎないものだった。だから子の人生を決めるのは親で、極端な言いかたをすると、煮て食おうが焼いて食おうが親の勝手、ということになる。それはあまりぞっとしないことだったが、その時代の一つの風物詩として、私は母の昔話を聞くのが好きだった。

そうこうするうちに長姉が、当時芸人の間に広まっていたモルヒネ（と母は言っている）に手を出すようになり、そこから母を守るため、祖父は長姉から母を引き離し、故郷に連れ帰る旅をするらしい。母は当時を回想して、

このとき初めてオカチャンな、オトサンに一回だけ、お金を集めるため道端で歌わせられたで。ものスこく恥スかしかったデ。

と、言葉とは裏腹に、いたずらっぽく少し楽しげに小声になっていうのだ。その長姉もモルヒネで命を落とすことになり、祖父母にとっての子は母一人となる。そして母は十七歳で祖父の決めた男の人と結婚して、

芸能の世界から引退。その男性は固城（コソン）の村の養蚕（ようさん）学校の校長をつとめる人で、村のたいそうな名士だったようだ。

朝鮮の家は古い家父長制が残っているため、家に男の子が生まれなければ、妻を何人も持つとか別の人にかえるとか、よく知らないがそういうのが認められていて、男の子の生まれない先妻にかわって、母は後妻としてその家に迎えられたそうである。嫁ぎ先では姑が使用人をとりしきり、母は家事とはいっさい無関係ですごしていたという。夫は嫉妬深く、母が部屋の中で化粧をしていると怒ったらしい。深窓の令嬢ならぬ深窓の妻といったところだが、母は殿上人《てんじょうびと》のように世俗とは遊離して、ひたすら男の子を産むことだけを待たれていたのだ。そして、初めての子ができる。祖父は自分の娘には男の子ができると信じて疑っていなかったのに、期待に反して、生まれてきたのは女の子だった。そのショックで、初孫が生まれた翌日に祖父は他界してしまったという。

こんな嘘みたいな話が本当に起こるほど男尊女卑の精神は徹底していたのだ。女は幼くしては父親に従い、嫁いでは夫に従い、常に自分の意志を持たない従属物でしかなかった時代であった。

ついでに祖母について言い及んでおくと、男の子のいなかった祖母は、一人残った娘も日本に行ってしまい独りぼっちとなり、朝鮮戦争勃発の犠牲となって死んだらしい、ということである。生前は釜山の港にチマ・チョゴリ姿で腰掛け、足組みしながらゆっくりと煙管《キセル》を燻《くゆ》らし、海の向こうから娘が帰ってくるのを毎日のように待っている姿が見られたという。だが母には、人の話でしか祖母の最期はわからない。

出生

さて、その母が日本に来ることになったいきさつであるが、嫁ぎ先で三人目の子を産んだころ、夫が、当時の日本の朝鮮植民地化政策に反対するために、朝鮮全土に広がっていた万歳《マンセイ》運動に呼応し、固城の村で演説をしたらしい。それが当局に知れることになり、村民を扇動《せんどう》したということで重刑を言い渡され、彼は投獄されてしまう。なんとか重刑は逃れて三年で出獄。侵略戦争をしていた当時の日本の厳しい植民地政策のもとでは、一度政治犯というレッテルを貼られると、お家おとり潰し、財産没収ということになる。そんなわけで結局、日本へ渡ってくることになったそうである。

インテリだった夫は、いったんは大阪日日新聞の記者になるが、それも長くは続かず、彼は結局、朝鮮にいた母を呼びよせ、その芸を担ぎだすことになる。母とその夫はそれぞれの名字を取って、「黄金座」という一座をつくり、母を座長、夫を団長とする朝鮮の古典芸能の劇団として、結婚まで朝鮮全土で繰り広げていたのと同じように、日本各地を巡業してまわるようになったのだった。戦時中にもかかわらず、劇団は各地で熱狂的に迎えられたという。大阪での公演ではあまりの客の入りに二階席がつぶれて怪我人まで出る騒ぎだった。軍の慰問にも何度か呼ばれていて、母は東条英機の署名のある感謝状を持っているぐらいである。あまり知られていないが、当時の侵略戦争というのが民衆に対しては微妙な、弾圧と融和の飴とムチの政策をとっていたことがよくわかる話だと思う。

住居は大阪市東淀川区にある、阪急沿線の崇禅寺《そうぜんじ》というところだった。母たちは崇禅寺の借家を拠点として日本巡業の旅に出かけ、九人の子どもを産む。はじめのころは子どもも巡業に連れていき、劇団員が面倒をみながら大きくして、ある程度大きくなった後は、上の子が家で下の子の面倒をみながら親たちの帰りを待つ、といったぐあいだったのではないだろうか。母は私も含めると十人の子を産むのだが、乳は与えるが育児はしたことがないという、とんでもないというか、典型的な昔ながらの芸人というか、珍しい存在であった。

母にとっては、女であるとか人間であるとかよりまず、芸人として、一座としての看板を担っていかなければならない生活だったのである。母は舞台に出ているか休息しているか、あるいは宴席に招かれて着飾って出かけていくかする芸能人でしかなく、そのころの母は、子どもも近寄れない一種特別な存在であった、と姉たちが言っていた。

そのうちに終戦を迎え、まもなく夫が他界する。これをきっかけに、未亡人として派手な芸能生活を続ける気にはなれないという心境から、母は劇団を解散させることになる。そしてまもなく、私が生まれる原因になる男性と知りあい、恋愛関係となるのである。

上の姉二人は嫁にいってすでに家を出ていたし、一番上の兄は東京で大学に通っていたぐらいだったろうか。それでもまだ下には小さい子がたくさんいて、思春期にさしかかっている子どもたちもたくさんいたころである。いくら芸があるとはいえ、劇団も止めてしまい、あとは古典芸術研究所を開いて生徒をとって教えるといっても、そう簡単にはいかなかっただろう。しかし母は「そういうスキャンダルにまき込まれるのが嫌だから芸能界を引退したけれど、おまえのお父さんと知りあったのも何かの縁だ」という。その人には妻子があり、当時の在日の中では、若手実業家としてかなり羽振りが良かったらしい。

だが、母はこのとき、初めてまともに自分の意志で、自分の人生を積極的に選んだのではないだろうか。夫は祖父が選んだ相手だったし、いくら天才と言われても、芸の道もまた、祖父が決めたものだったのだから。

私の父は母に家も買い与え、子どもたち丸ごと母の面倒をみることになった。私が母に聞いたところによると、そのころ、父とはもう別れが

舞台で弾き語り(カヤグム・ピョンチャン)をする母・金紅珠。

近づいていて、母はそれをすべて覚悟の上で子どもがほしいと思ったという。だから私は母が四十二歳という高齢のときの子であり、父親との関係はその後二年ぐらいは続いたらしいが、私がものごころついたときには父の存在はまったくなく、私は事情をいっさい何も知らされずに育った。父親は生まれたときからいなくて当然、といった感じで何の疑問も持たなかった。いま思えば唯一の手がかりは、姉たちが父親のことを呼ぶ「名古屋のおっさん（名古屋の人だったので）」という言葉であった。「お父さん」とかいう甘い響きでないその無味乾燥な言い方から、私はてっきり、父親は私たち家族を捨てた悪い人なんだ、と思い込んでいた。

　そんな極楽トンボな勘違いをするほど私は家族からかわいがられて育った。特に母親にはかわいがられた。父親亡き後は唯一の親であり、また芸人という特別な位置からも、母の権限は兄や姉たちには絶対的だったのだろう。その母が、今までの自分の人生を懸け、全身全霊で一番下の子を溺愛するのだから兄弟たちもかわいがってくれたのではないだろうか。母自身、初めて自分の産んだ子どもがかわいいと思ったという。また、子どものおしめの取り替えもやってみたり、赤ちゃんをおぶって外に出てみたり、十人目にして初めて、世の母親がする育児のサワリぐらいは自分もしてみようと思ったと言っている。

そして、私がものごころつきだすと、踊りが上手で才覚があるということになったらしい。そのころはよく、子どもである私が踊ったりして来訪者を驚かせていたという。母としては、私の父親にあたる人も賛成していた（亡夫は子どもを芸人にするのは反対だったらしい）のでゆくゆくは自分の後継ぎにしようと思っていた。ところが、である。

ポリオ発病

私は三歳のときに突然、小児マヒに罹り障碍児になった。母親にとっては青天の霹靂《へきれき》のような出来事だっただろう。しかし、私にとってはここからが私としての自意識のある人生である。それ以前の記憶はもちろんなく、それまでは母の思い出の中にしか自分はいないような気がする。とにかく、この障碍者になったときの記憶さえ私にはない。

母の話によると、そのころよく行っていた宝塚歌劇団の公演を姉に連れられて見て帰ってきた晩に発熱。町医者に来てもらって診せると風邪という診断で、下痢をしていたので絶食を言い渡されたらしい。ところが私はひどい空腹感を訴えて地獄のような叫び声を上げていたという。その状態で何日も放置された後、尿意を訴えたためパンツを脱がせようとしたときにはすでに力なく、立たすことができなかったそうだ。これはえらいことになったともう一度町医者に診てもらうと、さすがに町医者も変だと気がついて阪大病院を紹介しようとしたが土曜日で、次も日曜とあって二日おいて阪大病院へ回された。そこで小児マヒと診断され即刻入院となる。そこから何日間も、死ぬか助かるかは五分五分と言われて生死の境をさまよう状態だったらしい。

小さいころ甘えん坊だった私は、自分が赤ちゃんのころから小児マヒになるまでのいきさつを母が他人に話して聞かせるのを、よく母にくっつきまわって聞いたものだ。この阪大病院で生死をさまようあたりが話の佳境で、お腹が空いたと言って泣き叫ぶ子になすすべもなく、子どものいる年上の友人に聞いたら重湯の一つも与えていないと怒られ、その人が自ら重湯を家から作って持ってきて私に与えたとか、急病の子どもを病院が休みだからといって二日間も放置していたなんて、とかいうことを母は、いかにそれまでの自分が芸能馬鹿であり、年はとっていても何も知らない赤子と同じだったか、と嘆きながら話すのである。母がそれを何度も何度も話すのを、私は他人事《ひとごと》のようにして聞いていた。

阪大病院南二階2号室

それから私は四年間も阪大病院に入院することになるのだが、病院での生活といえばやはり、十二歳違いの姉とのつながりに触れずにはいられない。十二歳上ということは私と同じ巳年である。私はこの姉（名前は英姫と書いて朝鮮語ではヨンヒだが、エイキねえちゃんと呼んでいた）を母親に、母を父親として育ったようなものである。性格も引き合うものがあり、人格形成上かなりこの姉の影響があったのではないかと想像できる。私はこの姉が大好きだった。

入院生活になると、その姉が付き添って一緒に病院に入った。私の記

姉・英姫と。

憶は、この姉といつも一緒だったところからはじまる。私たちの住居は阪大病院の個室となり、姉と私は身を寄せあうようにして暮らしていた。姉にとっては、自分が面倒をみていた妹が大変なことになった、ただただ病気を治さなければと、不平をいう余裕もなく私と闘病生活を共にしてくれたのだろう。私が三歳のときだから姉は十五歳のときである。姉は年よりもふけてみられたのか、私と一緒にいるといつも親子と間違えられ、そんなとき、部屋に帰ってくると、ぶっきらぼうに「おまえ、ウチの子か?」と聞く。私は不思議とそれが嬉しくて、「ウン」とうなずく——そんなやりとりがあったのを覚えている。

私の記憶では、一度だけ姉がセーラー服を着て、なんだか夜明けのような薄暗い中に消えていった覚えがある。その姉のセーラー服姿が妙にきらきらしていて、また、夜明けのような薄暗さの中で姉が別人のようで、不安な気持ちになったのを、遠い記憶の底で覚えている。私が大きくなってから聞いた話と総合するに、あれは学校へ行く暇もなく妹の面倒をみていた姉に、やはりそれではいけないということで、私の父親にあたる人がセーラー服を買い与えて通学させようとしたらしい。だが、その後も私と片時も離れずにいてくれたということは、通学も一、二回しただけで行かなくなったようである。とにかく私は姉とは、いつも一緒の双児のようにして育った。そして姉は、あの辛い阪大病院の生活をひたすら支えてくれた。

この世に生還してきたといっても、病魔に巣くわれた後で、私はとにかく体が弱っていた。肺炎を何度も起こし、今でも当時の大学病院がそんな治療を本当にしたのかと疑うのだが、もし私の記憶通りだとすれば、胸にカラシを塗られ、すごくひりひりと苦しかったのを覚えている。そして皆が心配そうに覗きこんでいるのである。当時のほうが医者も沽券《こけん》を云々せず、民間医療を導入してでもとにかく助けようとする意志があったのかもしれない。ともかくまわりをはらはらさせる、気を許せない状態の子どもだった。これが私の小児マヒになって初めてのはっきりした記憶である。

次に出てくるのが、自分が一生懸命坐ろうとしている記憶である。そして自力で坐れたというので周囲とも大喜びしているのだ。ということは、私はそれまでは寝たきりに近かったということである。そういえば、背中で布団にもたれていて、何かの拍子にツーッと横に倒れていったような記憶がある。背中も力がなくぐにゃぐにゃだったのだ。そのぎりぎりのところで坐れるようになったということだろう。四年間の入院生活の間、私の症状はこれ以上にもこれ以下にもならなかった。

そのうち、退院するまで四年間続くルンバールという注射治療がはじまる。午前中に手術室に行き、脊椎に大きな注射を打たれるのだ。それは子どもの体には非常にきついものだった。手術台の上でエビのように前屈みに丸く寝かされ、何人ものおとなに取り押さえられるようにして注射を打たれる。日曜以外毎日毎日、来る日も来る日もその注射は休むことなく続き、そして私もそれを打たれるたびに、休むことなく声を限りに泣いた。注射を打つ前からふさぎこみ、打った後は必ず気分が悪くなり、もどしそうになる。そして腹痛が起こり、結局は出ないのだが便意をもよおす。これだけでも小さい子どもにとっては、十分拷問のような日々だった。母は私の泣き声を聞いて、その場にいたたまれなかったといっている。この注射は初期のころは効いた、と親は言うが、しかしその後はどういう効果をもたらしたのかはわからない。しかし、これが入院中ほとんど唯一の治療だった。

このころを思い起こしてみて私にインプットされている生活イメージは、〈阪大病院南二階2号室〉という自分の個室名と、〈ルンバール〉という言葉と、いつも看護婦さんが運んでくる〈ポポンS〉という黄色い液体の飲み薬に象徴されている。そしてそこには、ともかくなされるがまましかたない、といった諦め的な感情が漂っている。たとえば私には、長い間「食欲」というものがわからなかった。そのころは誰かに食べさせてもらっていたようなのだが、何を食べさせられても味がないばかりか、食べることが苦痛だった。そんなとき「また、イヤそうな顔して食べる！」といって叱られ、そう言われると、口に運ばれるスプーンが凶器に見えてくるわ、ますます美味しくなく吐きそうになってくるわで本当に泣きながらの食事だった。

もちろん今ではそんなことはないが、食べることに対するこの拒否感はその後、空腹感がわからないという劣等感として育っていく。今から思うに、生かすための病院なのではあるが、それも長くなるとかえって生命感が希薄になっていくようだ。

私は覚えていないが、母の弁によると、「はじめのうちは『まりちゃん（自分のことを私はそう呼んでいた）、いつになったら歩けるの？』と聞いていたが、それも後は言わなくなった」らしい。やはり小児マヒになったばかりのころは、歩いていたことがあたりまえだったのかもしれない。しかし、入院生活の中でそれはどんどん薄らいでいく。

そして、これも私はあまり覚えていないのだが、「まりこがひがんだらいけない」と、姉が心して私を動物園などに連れていったということだ。それも車イスもない時代なので、ぜんぶ姉が私をだっこしてである。けっこう姉の好きな映画などにもよく行ったのではないだろうか。

そうした中で、私はある幻覚に襲われるようになる。あるとき、夜の歓楽街みたいなところを姉にだっこされて通っていた。姉の首に摑まって、ちょうど姉の進む方向と逆向きに私の視線があり、すべては遠ざかっていく景色として目に映っていた。すると急に、夜の闇とネオンだけが広がり、その中に自分だけが取り残されているようで恐ろしくなった。

それを我慢していると突然、あたり一面がまっくらになり、電線のようなものが視界の左右に五本ぐらい見え、そこに黒い点々が見えだすのだ。その線は減ったり増えたり、何の秩序もなく急に変わる。そして黒い点も増えたり減ったりして、襲ってくるでもなく、一定の距離を持って私を包みこんでしまう。

そうなるとあまりの恐ろしさに声も出ずに身も凍るような思いになる。かろうじて目だけを固く閉じてまた開けてみる、ということだけができる状態である。このときからこの幻覚は、何の前ぶれもなく私の日常に突然現われるようになる。本当に恐ろしかった。これが現われると、何をしていても誰といても、自分が突然、黒い闇と線と黒点だけに支配されてしまう。これは、私の中の逃げられない恐怖や無力感が形となって現われたものなのだろうか。それとも、小児マヒに罹ったとき死の淵《ふち》をかいまみた、もっと根源的な記憶なのだろうか。

この幻覚は、私が後々、「人は誰しも死ぬ」ということと格闘することになるはじまりともなった。

私の阪大病院での生活といえばもう一つ、記憶に残っている思い出がある。今は移転してしまったが、当時の病院は淀川の中洲である中之島に、河に沿うようにして建っていた。たまにイスなどに坐らせてもらい、個室の窓から河を眺める。どんよりした汚い河だと思っていた。しかしぽんぽん船の行きかいや、天神祭のときの豪華な張りぼてを乗せた船の見事さを楽しむことができた。

また、堤防沿いの公園に連れていってもらい、蓆《むしろ》を地べたに敷いてもらって、草のままごと遊びをさせてもらったのを覚えている。私が姉にねだったのか、私がやりたがっているのを姉が察してくれたのかだと思うが、私はむしょうに土の上でままごと遊びをすることに憧れていた。

しかし実際にやってみると、ままごと遊びはすぐに飽きてしまうということがそのときわかった。

束の間の帰宅

そんな単調な病院生活を、姉と共に四年送ったのちに退院。

退院後、母は病気で衰えた私の体力をつけさすことが、家に連れ帰った後の第一の目標だと、一生懸命滋養のある物をつくっては、飲ませたり食べさせたりした。そして、どこかに良い鍼があると聞けば連れて行く。障碍者なら小さいころ、誰もが経験している光景である。この退院で家にいたのはわずか一年だけだが、この、家にいた期間は私にとって大切な期間だったように思う。

私の家はいってみれば芸能人の家なので、水商売と同じような生活環境である。朝は遅く夜も遅く、子どもにあわせるなんてとんでもない、大人の時間しかないといった環境だった。家には本というものがなく、ましてや絵本とか童話とかいった、子ども向けの知的なものはいっさいない家だった。

しかし、母が朝に発声の稽古をしていたり、母に連れられて近くの若手の朝鮮舞踊家の研究所を見に行ったり、母の「金紅珠古典芸術研究所」という看板が上がっている研究所に連れて行ってもらったりと、母親のそばで一緒に暮らしたことは、幼い日の貴重な思い出であった。

また、昔劇団員だったという人が母を訪ねてきて、その人の持ち芸のプク（朝鮮の太鼓）と母の唱（今から思えば、パンソリのようなもの）を、久しぶりにかけあわせて帰っていったり、またあるときは、北朝鮮に帰るという元劇団員が、最後のお別れにとサックスを吹いて帰っていき、その後で母がしきりと、あの人ぐらいにサックスを巧く吹ける人は日本にはいないのにもったいないことだ、と嘆いていたりと、短い中でも密度の濃いものをいろいろと見たり聞いたりしたと思う。

また、この時分は阪大病院の生活の反動か、母が出かける用意をしていると、なぜか寂しくてシクシクと泣きだしていた。

母は、芸能人にはありがちだが、自分を美しく保つことに全精力を傾けることがあたりまえの生活だった。朝起きるとまず眉を引く。そして、毎夜就寝前に化粧を落として顔をマッサージする時間をとても大事にしていて、終わるまでに二時間ぐらいを費やす。また、外に出かけるときは、高価な化粧品、高価な宝石、高価な毛皮、といったものを身にまとうのが好きで、身じたくをするのにまた膨大な時間がかかるのである。

その芸人の女の性《さが》のようなものが、母の眉を引くときのものすごい集中力と執念に現われていて、それが凄まじい気迫となって私に伝わり、置いていかれる寂しさと、恐さの感情がないまぜとなってシクシクとやりだすのだ。そのときの反動なのか、私は大きくなっても、化粧とか宝石とかに対してずっと拒否感があり、私にとってそれらは、寂しい虚栄の裏返しでしかなかった。

しかし、どんなことにもけっして駄々をこねたり反抗したことのなかった私にしては、このときの感情の発露は珍しいことで、こんな些細なことであっても、それはむしろあって良かったのだろう。

そしてそんなある日、私はまた変な感情に襲われる。いつもの日課で、私が仰向けに寝かされて姉に治療がわりの足もみをされてボーッとしているときに、〈こんなふうにされている私でも、いつかは死ぬんだ。人間は誰でも、どんな人でも、いつかは絶対に死ぬんだ〉ということが閃いた。そうなったら、よく襲われている暗闇の線と黒点より恐ろしい、〈何もない状態〉になるのだ、と思うけれど、それが想像できない。ただただ息もできなくなる恐ろしさ、だが、それがいつかは絶対に確実に自分の身にも迫ってくる、誰にもどうしようもない、と思ったとたん、涙が流れてきた。それを姉に見とがめられ、「なんや、おまえ泣いてんのか」と言われ、慌てて悟られまいと「ううん、あくびしただけや」ととっさに答えた自分に感心したものだ。

それ以来、私の恐怖には、暗闇の線と黒点の幻覚に加えて、〈いつかは死ぬんだ〉という概念が加わりだす。

このころ、母が詐欺にあって、当時住んでいた家が抵当に入ってしまい、その借金を返すために兄弟姉妹がみんな呼び戻され、急遽、母の唄と楽器で客をもてなす朝鮮式高級料亭「寒桜楼《カンファルロ》」を開くことになったのも鮮やかな思い出である。大皿はじめさまざまな食器が運びこまれ、人の出入りも激しくなり、私のまわりは水商売特有の華やかな空気に包まれた。しかしそれも半年か一年で、借金を完済すると店はたたまれ、兄や姉たちもそれぞれの場所へ散っていった。

そうしているうちに、再び家を離れる日が近づいていた。

家に帰って以来、私は体力はついてきたが、障碍の程度はさらに進んできていた。そのことと、このままでは就学年齢になっても学校に通わせてやれない、ということに悩みだした母は、以前から順番待ちということで私の施設入所手続をしていたらしい。あるとき、その入所が決まったらしく、急に施設行きの話を持ち出されたのである。

私が満七歳のときで、施設に入るということがどういうことか、はっきりわかっていなかった。しかし、せっかく家に帰れたと思っているのに、今度は姉もついてくれず、独りぼっちで施設に入らなければならないなんて、とても信じられないし嫌だと思った。だが、私はいつものように、特別駄々をこねるでもなく、まわりはさっそく施設入所のための準備をしだすのである。

そんなある日、私が納得していないと察したのかどうか、姉が、「施設に行ったら給食が食べれるで」と言い出した。以前から私が、朝鮮映画にでてくる朝鮮独特の金属の食器に憧れていて、その食器が、テレビに映った給食の食器に似ているのを見て喜んでいたのを知っていたらしい。私は自分を納得させるその言葉にとびついた。——というより、その言葉を頼りに自分を納得させなければならないのだ、ということを悟って観念したのだ。

こうして、私のその後十年間に及ぶ施設での生活が決定したのである。

第二章

障碍児施設へ

別離

一九六一年の五月だった。その日は、とてもとても重苦しい気分だった。姉も母も同じ気持ちだったろう。衣類も必要品もすべて真新しいものを買い揃えて詰められた鞄一つと共に、私は姉にだっこされてその施設の門をくぐった。

まず玄関のすぐ脇にある事務室に通されて、そののち院長室で、院長先生と呼ばれる人に簡単に何か聞かれ、また事務室に戻り、姉はいろいろと書類に何かを書き込まされていた。それを横から覗きこんだ私は、自分の名前が正式名として「原田満里子《はらだまりこ》」と記入されるのを見て、何か奇妙なものを見ているような気分になった。私は朝鮮人なのに日本の名前しか書かないのだ。朝鮮人ということはそういうことなのだと理屈抜きで刷り込まれた強烈な印象だった。

その施設は年齢制限十八歳までの肢体不自由児童施設で、治療やリハビリが必要とされる児童百名が収容されていて、義務教育もあわせて行なっていた。まぁ、早い話が、義務教育のある病院といったところだ。

そのうちに病室が決められ、案内される。病室は東病棟と西病棟に分かれていて、私は東病棟の小さい子の病室にベッドをあてがわれた。

入ってみて驚いた。男の子も女の子もいっしょくたに同じ部屋に入れられている。だだっ広い病室に八台のベッドが置かれ、排便も着替えもベッドの上でする重度障碍児ばかりなのに、カーテンも何も仕切りはなく、みんな丸見えのごった煮の状態だ。私はそれまで母と姉だけの生活で、兄はいても、家にいることは少なかったし、男の人と寝起きを共にするなんて考えられなかったので、これだけは本当にイヤでイヤでたまらなかった。

私はごねた。男の子と一緒の部屋はどうしても嫌だと、入院に付き添ってきてくれた母に訴えた。だから、入院初日に自分の部屋と決まったところには荷物を置いただけで部屋には寄りつかず、男女が分けられている大きいお姉さんの部屋を自分の場所と決めて、そこを拠点に、姉に抱かれて母と共に病院中をうろうろしていた。施設といえどもその時代はまだ、車イスというものがなかったのだ。

この日から何をするにも許可が必要な、規則に縛られた集団生活がはじまるのだが、そんなことはそのときの私にはわかっていなかった。しかしそのときは、私にしろ母や姉にしろ、私がここでやっていけるかどうか本当に不安な心持ちで居場所を求めて施設中をうろうろしたのだろう。

むずかる私をなだめようとしたのか、母が婦長さんに、この日だけ特別にお昼を外に出て食べてもいいと許可を取ってくれた。その施設は、そこで出される食物以外は持ちこんでもだめだし、施設の敷地外に出ようものなら脱走になるところだった。いくら新しく入って慣れない子どもだからといっても、よく外に出る許可を取りつけられたと思う。しかし、この、ちょっと施設から出るという行為で、私はずいぶんと助かった。それまでは緊張のために何の感情も湧いてこなかったのだが、はりつめた気持ちがちょっとやわらいだのか、私はそのときの〈哀しい〉という感情をいやにリアルに思い出すことができる。

それは、お昼を食べに出たうどん屋さんの場面である。何を食べるかと聞かれ、とても何か物が入る状態ではないので、返事ができずうつむいてしまった。そのことで、なにげなさをよそおっていた親子三人の間に、一瞬、重苦しい空気が流れた。私は気を取り直し、うどんを頼んだ。だが運ばれてきたうどんを見ても、とても食欲が湧かないばかりか、かえって胸がいっぱいになってしまった。それを見て母が、卵を入れるか、と聞いた。私はとてもそんな気にはなれないと思ったが、いらない、の一言をいうと、泣き出してしまいそうになるので、意に反して思わず首をたてに振っていた。

そうして、私の目の前に置かれたうどんと生卵は、目の前いっぱいに広がって、タユタユととても重苦しくまずそうに見えた。以来、うどんに入っている生卵には、あのときのはちきれんばかりの、胸の上のほうの重さが詰め込まれているようで、今でも私は苦手である。

束の間の親子の時間もそんなふうに過ぎ、施設に戻った。そして、母は私が男の子と同じ部屋なのを嫌がっていることを婦長さんに伝えたらしく、何日かして私は、大きい女の子の部屋に移されることになるが、その日もちゃっかりと、大きいお姉さんで一番頼りになりそうな人のベッドにあがりこんだ。母と姉との最後の別れもそこでしたのだと思う。だが母や姉と別れる瞬間は不思議に覚えていない。二人が私の気をそらしてうまく帰ったのか、それとも耐えがたい悲しみのため私が意識的に記憶を消してしまったのか、その部分だけがぷっつりと記憶がないのだ。

気がつけばそのお姉さんのベッドにいて、その人に「ともねえさん（その人はトモコという名前だった）、て呼んでええ？」といってちゃっかり「ともねえさん」「ともねえさん」と呼んで、すっかりなついてしまっていた。

私なりに、その環境にいかにうまく適応するかという幼いながらの知恵として、姉がわりになってくれる人を必死につくっていたのだ。驚いたことに、その日の私の行動はそのおねえさんに、「私、本当は朝鮮人やねん」と耳打ちするところにまで及んでいる。自分の決められた部屋に落ち着きもせず、施設というところがどんなところかもまだわかっていない時分に、お客さんとして人のベッドに坐っている身でなぜそんなことを言う気になったのか、私は内心ずっと自分の行動がはかりしれなかった。

しかし、そのときの私の心理状態でいえば、「私の秘密をうちあけてあげる」というくらいのもので、重い事実を深刻に、ではなく、しごくさらっと、かえっていたずらっぽく耳打ちしたように思う。これはやはり、もうここで暮らさなければならないのだと観念して、「私を守って」というサインをおくったのだろう。いやはや我ながら、自分のたくましさ、したたかさに驚く。というよりそこに、自分の非常に動物的な生き残り本能のようなものを感じ、実は大きくなるまでずっと、自嘲的な思いと共にこの場面が焼きついていたのであった。

孤独な子どもたち

施設での集団生活は、子ども心に本当に辛いものでしかなかった。同じ部屋には小さい子が八人いた。はじめのうちこそ大きい子の部屋に移してもらったのだが、しばらく経つと、やはり同年齢のほうがいいだろうというので、もとの小さい子の部屋に戻されたのである。

部屋にはボス的な子が絶対一人はいて、その子の機嫌を損ねて「絶交！」と宣言されると、とたんに誰もその子と口をきいてはいけなくなる掟がいつのまにかできていた。ある日突然、わけもわからずいっせいに無視されるのだ。これはかなりきつかった。ボスになる子というのは、比較的障碍が軽度の子とか、手先が器用だとか、何か強みを持っている子で、その子のキャラクターがきつかったりすると、無茶苦茶な無理難題を吹っかけてくる。そうなると毎日の生活は恐怖に陥れられる。

　そんな生活の中で、毎週日曜日の面会日と、月に一度、一泊二日の外泊が家族との接触として許されていた。母と姉はかならず毎週一緒に来てくれ、この面会は私の十年の入院生活の間一度も欠かさず、雨の日も風の日も続けられた。かなり大きくなるまで、この日曜日の面会終了時間である夕方六時は、親子の別れで泣きの涙だった。

　また、外泊のときはふだん食べられないものをどっさり食べさせてもらい、甘えさせてもらうのだが、帰らなければならないその朝になると、目がさめた瞬間からもう胸がいっぱいで、ものすごく重苦しい気分になるのだ。そして、気もそぞろにふさぎこんで、食事が喉を通らなくなる。

　そのうちに夜になる。私の家族は私をできるだけ長く家にいさせようとして、ギリギリまで待ってタクシーを呼ぶ。だから私が施設に戻るのは、いつも九時の消灯時間を過ぎていて、施設の職員にはヒンシュクものだった。寂しい裏門から入り、姉に抱かれて、真っ暗な中を冷たい渡り廊下を歩いて病棟に入り部屋に入る。みんな白いホーフ（毛布を入れる袋。包布）を被せられ、死んだように静かである。その中で音を立てないように荷物をかたづけて、私も急いでベッドの中におさめられ、「そんなら、帰るわな」と言って姉は立ち去る。私は一人取り残された寂しさで声を立てずに忍び泣く。

のちに姉に聞いた話では、この外泊の際の見送りには、私を置いて帰るのが辛いため母はついてこれず、見送るふりをして家に残り、背中を向けて泣いていたこともよくあったという。

入院した当初は親が面会に来るたびに、私は退院させてくれと言ってごねた。母は「(体が)なおらな、アカンやろ」となだめる。だがある日、どうしても施設は嫌だと思い、「友達が私のことを朝鮮人やと噂している。こんなとこ嫌や。家に帰りたい」と、あることないことつくり話をして親に訴えた。すると親は「よっしゃ、家に帰ろう」という。婦長さんに相談する、と母が言ってくれたので、〈やった、これで家に帰れる〉と内心ほくほくだった。

ところがしばらくして私が訓練から帰ってくると、部屋の友達のようすが変なのである。とまどっているとその中の一人が、「今日、婦長さんに、まりちゃんのこと悪口いうたらあかんて注意された」と神妙な顔で言い、私に怒るでもなくいやに親切にしてくれる。そして次の日曜日に面会に来た母に婦長さんが、「部屋の子どもたちに、まりちゃんと仲良くしなければいけないと注意しておいた」と言うので、母はすっかり納得してしまい、私の退院作戦は変な方向であえなく挫折してしまったのであった。

当時の施設は設備も悪く、冬などは、子どもにとって拷問のようなものでしかなかった。退院してしばらくは、この施設での冬のむごさを思えばたいがいの厳しさは耐えられると思ったほどだ。

どんなものかと言えば、暖房はスチームしかなく、それも入るのはやっと朝十時。しかも夕方四時には消えてしまう。その他には寝るときのために湯たんぽが配られるだけ。寝具も病院の、厚手の綿でバシッと糊の効いた白いシーツとホーフしかなく、これがぜんぜん温まらず冷たいまま。各自、家から肌掛け毛布を一枚だけ持ってきてもいいことになっていて、その毛布をいかに温かいものにするかだけが、ただ一つ暖を取れる方法なのだ。そのうえ、重度の子どもは着替えるのに職員の手を借りるのだが、朝、職員は一人で三、四十人の着替えをさせねばならない。冬は厚着でよけいに時間がかかるというので、ひどい職員になると私たちは朝四時台にたたき起こされる。

これはきつかった。冬の四時といえばほとんど深夜といっていい時間である。そんな時間にたたき起こされて、暖房もなく、古い木造の八人の大部屋で、皆震えながら着替えをする。そのうち、なるべく職員の手をわずらわせないように服は極力脱がないようにするという知恵が、職員からか児童からかいつのまにか広がり、私が高学年になったころには、服はほとんど着っぱなしで寝るようになっていた。

施設も私が入院したころは、股関節脱臼やカリエス（脊椎結核感染症）やポリオといった、比較的手が使えるとか、障碍はほとんど足だけ、それも軽く引きずる程度といった、見た目にはなんでこんな人が施設に、と思うような児童が多かった。それが私ぐらいの年齢を境に、障碍の種類がCPといわれる脳性マヒに移行していく。脳性という言葉がつくだけで知能障碍と思われがちだが、CPは知的障碍とは違う。体が硬直したり、たえず不随意《ふずいい》運動があったりして、言語障碍をともなっていることが多い障碍で、重度が多い。つまり、私のいた十年間にも施設が変化

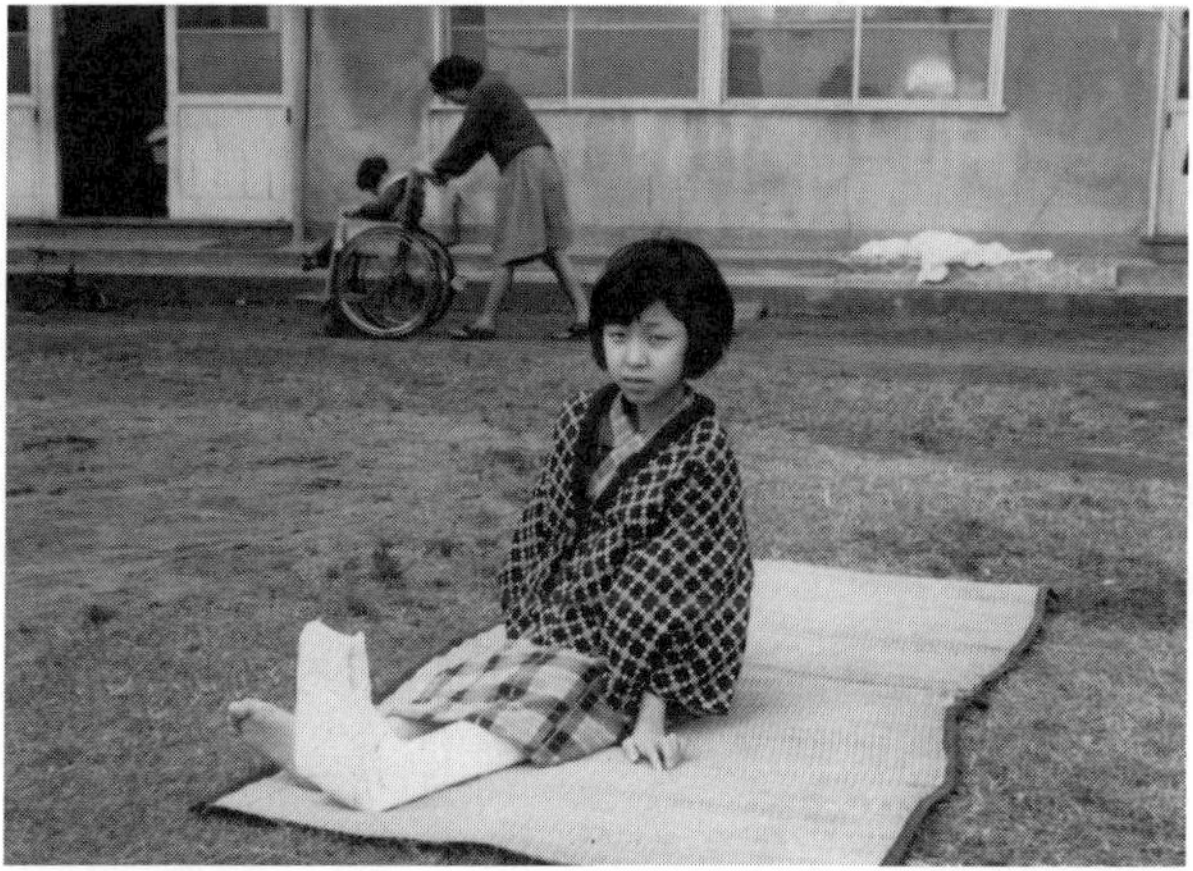

施設で。小学校3年生のころ。

し、今でいう「施設の重度化」という現象が起こっていたのだ。

私の、重度のポリオは、ほとんど体に力が入らない脱力した状態である。CPとは違って力が入らないから、エネルギーの消費量も少ないように思う。だから、今ものすごく冬が苦手なのだが、施設にいた十年間は、毎年足にしもやけができ、足がパンパンに腫れカンカンに冷える。その状態でまだ夜中のような時間に起こされ、洗面所に洗面をしに行こうと車イスの冷えたステップに足をのせるときの、飛び上がるほどの冷たさと痛さ。そして、水道の蛇口から垂れている氷柱《つらら》。これを割ってから水道をひねって水に手をひたすときの、ちぎれそうな水の冷たさ。見かねてお湯をくれる職員もいたが、とにかくすべてにわたり、悪条件に耐えて適応するしかない状態であった。

夜など布団に入っても寒くて、かといって職員も呼べず、一人で耐えなければならないときなどは人知れず親を偲《しの》んで泣いたものだ。重くて冷たい毛布は小さい子どもには扱いかね、手の力だけでは深くかぶれず、私は必死で歯で噛んで引っ張り上げようとした。そんなとき、一番家が恋しかった。

こんなことを友達どうしで話したことはなかったが、子どもたちみんなそれぞれにそんな思いがあったことだろう。

私も少しは施設に慣れてきたころのことである。部屋にすごくかわいい男の子が入院してきた。その子はもうすでに中一ぐらいだったが、高学年の部屋が満杯ということで、女の子も一緒のオチビチャンの部屋に入れられてきたのだ。私は自分が入院したときの嫌な経験を思い出し、なんとも気の毒な気分になった。消灯になるとまた、がらんと殺風景なむきだしの大きなガラス戸の向こうに寒々とした真っ暗な夜空が広がっている。それを見て、入院初日の消灯後、汽車の通るときのものすごい音（当時、施設のすぐそばに線路があって、蒸気の貨物機関車が通っていた）と地響きに、総毛立つような恐怖を感じたことを思い出していた。

　すると、いくつか向こうのその子のベッドからすすり泣く声が聞こえてきた。私は驚いて、他の子には気づかれないようにそっとその子に、「どうしたん？　泣いてんの？」と声をかけた。今から思えば、まだ一言も口をきいていない新入りの子に話しかけるなんて、よくそんな勇気があったものだと思うが、私の気分とその子の泣き声がいやにぴったりあっていたのだ。思わず〈あんたの心細さは痛いほどわかるよ〉と言ってしまいそうになるのを必死に押さえて、「初めて入ってきて、心細いねんやろ。誰でも初めは一緒やで」と、ぶっきらぼうにそんなことを話したと思う。隣には看護婦さんのいる詰め所のガラス窓があるのであまり長話もしていないが、その子はなんとなく落ち着いたようで、納得して寝たようだった。

みんなそんなふうにして、子ども心に親や家から引き離された孤独と必死に闘い、それぞれの施設生活を送っていたのだろう。

死んでいく友達

私にとって十年の施設生活を思うとき、やはり語らなければならないのは、当時の施設の不備のため、はじめはそう重度でもなかった子が、みるみる寝たきりになっていったり、死んでいったりする、そういう友達を目の当たりにしたことだ。

私が、一番最初にそういう人に会ったのは、入院まもないころだった。私より年上のその人は、今から思えば軽い知的障碍もあったのか、九官鳥のような声で、同じことを何度も繰り返してよく喋る、明るい人だった。たしか「あぼたか」という愛称で呼ばれていたように思う。阪大病院にいたときの隣の部屋の人に似ていたので、私は彼女になんとなく親しみを感じていた。

その人は寝たきりで、細く、針金のようにまっすぐに伸びて曲がらない体を持ち、いつもベッドの上に寝かされたままで、子どもながらに、あれでは放置されているのと同じだと思った。そればかりかおしっこのときなどは、職員が片方の足をヒョイと摘まむように持ち上げると身体全体が持ち上がるのでそこに便器を差し込む、といったぐあいで、とても人間を扱っているとは思えなかった。

彼女に対しては万事がそうで、寝たきりだということで風呂にも入れてもらえず、頭だけたまに洗われるのだ。寝たきりのため床擦《とこず》れができ、傷口の処置を医者と看護婦でするのが、彼女に対する日課になっていた。

そうしたある日、私は職員が、耳を疑うような言葉を発するのを聞いた。

夏の暑い最中だったように思う。いつものようにガーゼ交換がはじまったそのとき、看護婦が何か声を上げた。「蛆《うじ》が湧いた」。たしかにそう聞こえた。「ガーゼをめくると、傷口に蛆が湧いていた、信じられない」。その、とっさの叫びともつかない声は、私にはたしかにそう聞こえたのだ。だが覗きこむこともできず、このことはその後タブーとなり、誰も口にしなかったので、確かめるすべもなかったのではあるが。

私にとってこの出来事は、一番ショックな事件であった。しかし、ふだんの彼女に対する職員たちの扱い——何もないときは「あぼたかは、明るいな」と誉める反面、身のまわりの世話をするときの扱いのひどさや、ガーゼ交換以外は放置状態である、ということを見ていても、その出来事だけが突出しているのではなく、やはりこれは最初から人間扱いされていないのだ、と思えた。

その後も施設の職員たちの態度を観察していると、重度障碍児でそのうえ知的障碍がある、加えて親がいないか、いてもほとんど面会には来ず放置状態の子には、職員もいじめに近い扱いになることがはっきりとわかってきた。

今は見違えるほど改善されてはいるが、当時は、施設の設備も勤務状態も劣悪《れつあく》であった。職員はそのしわよせをもろにかぶっていたのだろう。しかしそのしわよせはさらに、施設内でも力の弱い者にかぶさっていったといえる。

動作がのろい、というのも忙しい職員にとってはいらだちの的であった。施設に私と同い年の、色白で笑顔がとてもかわいいおとなしい子がいた。この子のところには両親も足しげく面会に来ていたし、彼女のことをとても大事にしていた。彼女は坐ったきりで、両腕に力がなかったのだが、自力で歯磨きができないというのが問題になりだしたあたりから、まわりとぎくしゃくしだしたように思う。

冬の寒い季節だった。先にも書いたように、着替えの手間がかかるという理由から、寒くなればなるほど、重度の子ほど朝早くたたき起こされ、むりやり着替えさせられる。その場合、すべてに人の手を借りなければならない子はまだましで、自力で着替えられるが時間がかかる、という重度の子ほど悲惨な状態になる。

彼女の場合、自力で着替えるには時間がかかりすぎるのだが、職員と彼女の間では、それでも暖かいうちは訓練のため自力で着替える、ということになっていた。しかしそうしているうちに、容赦なくどんどん冬が近づいて来る。

だが、冬の寒い朝になっても、彼女は長時間下着のシャツのままで、上着を着るために最低必要な「上着を肩にはおる」というところにもほど遠く、片手に袖を通すところでまずつまずいている。やっと手を通したかと思うとあっというまにずり落ち、あと何ミリかのところで服との格闘を繰り返している。泣きながら着ているときもあった。ところが、そのように何時間も服と格闘している彼女を、職員は放置しているのである。そうこうしているうちに、ゴホン、ゴホンと咳き込みだした。それでも、彼女の上着との格闘は、見て見ぬふりをされた。

それは、私たち子どもの目から見ても、無謀なことに見えた。私たちは自分で判断して、手伝ってもらうべきところは職員に頼んだり、服を着たままで寝るとかして朝の着替えの短縮をはかったり、なんとか切り抜ける方法をそれぞれに工夫していた。

彼女の咳があんまりひどいので、見るに見かねて、「風邪がひどくなるからそんなことせずに、できないことは職員に頼んだら」と彼女に言ったことがある。しかし、もうそこまで来てしまえば、かえって彼女には職員に頼むということはできなかったようだ。

職員は職員で、彼女が「自分で頼まない」ということに意地になっているようだった。なかにはいらだって、他の子どもを起こす前にいちはやく彼女を起こす職員さえ現われた。そして、朝食が運ばれても彼女だけは着替えている、というふうに事態はどんどんひどくなっていった。

彼女の容態の悪化は、本当にあっというまだった。彼女の、ニコニコとはにかむような笑顔はいつのまにか消え、まったく諦めきった表情しかしなくなり、私は彼女に、〈死ぬ気か〉といらだった。

しかし、何もできなかった。同室の子どもたちも皆同じ思いだったが、職員と彼女とのやりとりを、ただはらはらと見守るしかなかったのだ。そして、こうしたらああしたらと、子どもどうしで彼女に助言めいたことを言っていたが、彼女にすればそれはただお節介なだけで、よけいにしんどくなることだったかもしれない。

そしてとうとう、彼女の風邪は気管支炎まで起こし、治療のためだといって他の病院へ緊急に移されていってしまった。移されてすぐ、彼女は死んだと聞かされた。しばらくして、彼女のお母さんが残されていたベッドをかたづけに来た。そして私たちは二度と彼女を見ることなく、ベッドは明け渡されたのだった。

私は、ベッドをかたづけるお母さんの後ろ姿を見ながら、「彼女は施設の職員に殺されたんだ」と伝えたい衝動に強く駆《か》られたのを、はっきりと覚えている。

人間のエゴを見つめて

こういうことが起これば必ず言われるのが、施設の設備や職員の待遇といった問題である。そして結局は、議論は福祉政策の問題にかえっていく。たしかにその問題は今も昔も厳然としてある。それらが十分に改善されなければならないのはもちろんだ。しかし、七つという幼いころからこういう場にほうりこまれた者にとっては、これはそれだけではなくもっと深い、人間の本質に関わる問題だと思えるのだ。

施設のこうした状況のまっただ中にいて私が感じていたのは、〈私は今、極限状況での人間のエゴという、人間の本質を見ているのだ〉ということだった。そしてその本質は、自分の中にもあると思った。自分の中にも、いつのまにか職員の片棒をかついで、一番排除される者に対して侮蔑心《ぶべっしん》を持ってしまっている自分がいたのだ。

気管支炎で死んだ彼女の後だったと思う。少し年上のお姉さんといった感じの、浅黒く目のパッチリした、眉目秀麗《びもくしゅうれい》な人が途中入院してきた。優しそうで少し憂《うれ》いを含んだその人を、私はいっぺんに気に入り、なんとか友達になりたいと思った。

なんでも奄美大島という南の島の人だということだった。妹が何人かいて、日曜の面会のときにはいつも、妹さんたちがお姉さんに寄り添うようにしている。家にいたころは優しいお姉さんだったんだろうな、というのを彷彿とさせる光景だった。

その彼女が、入院まもなくベッドから落ちて、寝たきりになってしまったのだ。落ちる瞬間を私は見ていたのだが、そんなに激しく落ちたというより、スルリ、スルリという感じで落ちていった。だが、それがきっかけで彼女はもう坐れなくなり、以来ずっと寝たきり生活になる。

かつての「あぼたか」のように寝間着のままで、まるで病人生活である。寝たきりになると、視点は天井ばかり見ることになる。するとベッドで坐っている私たちとは、自然と会話しなくなる。もともと無口な人だったが、ほとんど喋らなくなった。おしっこの感覚もなくなっていき、おむつだったか管を通していたかははっきりしないが、便器で用をたすということはなかった。

風呂も入れてもらえず、彼女のまわりにはハエが集まり、異様な臭いがたちこめるようになっていった。私は憧れのお姉さんがそんなふうになるなんて信じられなくて、はじめのうちはいろいろ取っかかりをつくろうとしていたように思う。ご飯を食べさせる役を職員にかわってかってでて、彼女の口へ食べ物を運んでみたこともある。しかし彼女の視線はうつろで、話しかけても何の反応もなく、以前とはまるで違う人になってしまったようで、私は少なからずショックを受けてしまった。

やがて、どんどん意識を後退させていくように、彼女は人に反応しなくなり、やせ細り、重度になっていった。そしてある日、私たちの前から忽然《こつぜん》と消えた。肺炎か何か、他の病気を併発したということで他の病院へ移されたのだが、やはりそれ以来、私たちのもとへは帰ってこなかった。彼女がその後どうなったのか、子どもたちには知らされないままであった。

私はそんな彼女に対して、自分なりに見極めた後、見限ったのだった。その後は職員が彼女にひどい態度をとってもしかたがないと思うばかりか、自分も同じように、彼女に対して侮蔑した態度を取り出した。今から思うことだが、そういう自分に対して後ろめたさはたしかにあったと思う。

しかし当時は、職員の機嫌しだいでその日の自分の処遇《しょぐう》が変わるというのが現実であり、障碍が重度であればあるほど、職員の顔色を見るのが習い性になっていく生活であった。施設というのはけっして楽園ではありえず、結局は一般社会にある差別の縮図が、より生《なま》な形で当事者に突きつけられる場でしかないのだ。

私はそういう環境の中で、自分も含めて人間の心理というものを考えるようになった。それは、善も悪も別々に存在するのではなく、一人の人間の中に同時にあるのだ、ということだった。良い人と悪い人がいるのではなく、一人の中に両方が存在する。たまたまそのときにどちらかが出るだけで、絶対的に善い人なんていない。特に極限状態では、悪の部分が出るほうが自然であり、本音なのだ。

だからこそ、ふだんからこの本音を見つめていかないと、人間として弱くなる、と思った。自分の中にも弱さや悪の部分がある。それに目をつぶって見ないふりをしていると、かえって知らず知らずのうちにその部分に引きずられてしまうのだ。逆にそのぎりぎりの本音を見つめていくことで、何か問題に直面したとき、本当の極限状況に置かれたとき、自分の中の弱さに引きずられずに、本当の意味での自分の「選択」をすることができる。そうでなければ、自分でそれと意識できないままに「自分がどうしたいか」ということより、その場の強い力に流されることを優先し、結果的には自分の不本意に終わってしまう。それでは後悔するだけだし、後に悶々《もんもん》とした嫌な気分が残るだけだ。私は自分の気持ちに正直になろう、と思った。

施設という、寝食を共にする集団生活の中で、みんな逃げられない子どもたちだった。ある日、そこにいた子が忽然と消える。それに対して大人たちは、何事もなかったかのように口をつぐむ。釈然《しゃくぜん》としないままに、伝えられないことは子どもたちの間でも口にしてはいけない禁句になる。私たち子どもにとって、そのことが大きな心のひっかかりとなって影を落とすことに、大人たちは気づかないのである。

少なくとも私にとって、施設で出会った彼女たちのことは、人間を考える上での原点となっている。

思春期の中で

人間のエゴを受け止めざるをえない、こうした環境の中で、私は、「傷つける」とか「傷ついた」という言葉が大嫌いな、冷めた思春期を迎えていた。

「傷つける」あるいは「傷ついた」という言葉は、一見、人の心を気遣っているようで、その実、そう言うだけでわかったような気にさせる、実体のない、人を酔わす甘い言葉だと思った。本当に人間が負う「傷」というのがあるとしたら、そんな甘い言葉で表現できるようなものではない。実際、私たちが生きていたのは、そんな言葉が通用するような世界ではなかったのだ。

そんな中で私は、人を傷つけても言わなければならないことはあるはずだし、本当の友人関係をつくろうと思えば、むしろそれは避けては通れないはずだ、と思った。

厳密な意味で、人が他人を傷つける、ということがあり得るのだろうか。私は、たとえそれが相手にとって酷《むご》いことであっても、自分が本当にそう思っているのなら、そう思っているという事実を伝えるようなつきあいをしたいし、またされたい。それが、本当の意味で相手を知るということではないか、と思う。それは今も変わらぬ私の信条であり、この時分に「友達とは」と考えあぐねて出した結論だった。

面会や家への送り迎えなど、それまで私に関わる細々した世話をやいてくれていた姉の英姫が「ウチがまりこの犠牲になることはない」という言葉を残して家出したのもこのころだった。だが、私はそれを聞いても意外にクールで、あっそうか、姉ちゃんには姉ちゃんの道があるんだ、と思ったぐらいで、むしろ細々したことに慣れていない母親の今後のほうが心配だったことを覚えている。そして大きくなってからは、私はそうしてくれた姉に本当に感謝したものだ。今思い返しても、姉がこのとき私とちゃんと決別してくれて本当に良かったと思っている。

そんな中で、私が三、四年生（一年遅れで学校に入っているから、普通の人より年齢は一歳多い）だったある日、一つの人生観ともいえるものと出会う。それは友達と遊んでいるときに、本当にふいに訪れた。

前にも書いたように、それまでの私は急に襲ってくる、暗闇や死の恐怖から逃れられないでいた。しかし、そのときふいに、死ぬのが恐い恐いと思いながら人生を送るより、きっと死ぬ瞬間が恐くない人生の生き方があるんだ、そのためには、それまでどういうふうに生きてきたかが大事なんだ、それまでの生き方の積み重ねが、死ぬ瞬間に表われるんだ、という「死ぬために生きる」というか「より良い死の瞬間のために生きる」という考え方を摑んだのだ。それがわかった瞬間には、本当に目の前が開けたような嬉しさがあった。

これでもう死の恐怖とさよならできるぞ、私は喜んだ。だが、ことはそんなに単純ではない。その後も死の恐怖は、時折隙をついて顔をだす。だがそれ以降は、もし死んだら、という考えは、もう頭をふってふり払うしかないと思うようになった。それはたしかに一つの転換だったと思う。

そしてまた、それからしばらくして私は、いわゆる出生の秘密というショックな事実を知ることになる。小学校五年生のころだったと思う。あるとき、面会に来た母親に、それまで聞いたことのなかった父親のことについて詳しく話を聞く機会があった。すると、どうも話が変である。私は、父は新しく女の人をつくって私たちを捨てたのだ、と思っていたのだが、母の話では、新しい女の人はむしろこっちのほうだというニュアンスなのだ。

「そしたら、私は私生児やってこと?」

私が問いただすと、母は「そうや」と答えた。一応そのとき私は泣いたと思う。

そのあたりをきっかけにして私は、「まわりの職員に自殺願望を口に出す多感な少女」というのをやり出した。大人は汚ない、と思った。しかし、その反面、内心ではこの私生児という響きをけっこう気に入っていたところがある。平坦でないドラマチックな出生を自分が背負っていたというのは、なんだか物語の主人公みたいで、まさに青天の霹靂、というところだった。また、このころの私はヒッピーに憧れ、不良少女に憧れ、口にこそ出さなかったが、重度の障碍者が不良になれないのは差別だ、と思っていた。「卑怯な大人になんか絶対ならない」――まさに揺れに揺れた十二歳だった。

軽度か重度か――施設の現実

そんなふうに多感になればなるほど、施設の現実も否応なく感じざるを得なくなる。それは一言で言うと、徹頭徹尾《てっとうてつび》人が障碍の重い軽いでランクづけされ、それがその後の進路にもつながっていることを思い知らされていく過程であった。

重度障碍児はただベッドの上でボーッとするのが唯一の日常である。時間になればそこに食事が運ばれてくるし、勉強のときは、自力で移動できる同級生が集まってくる。訓練以外は移動する必要がない。

しかもその訓練も、寝たきりの場合は、職員の手が足りないという慢性的な事情もあって、はぶかれるのが常である。だから、少しも自分で身体を動かせない子や、車イスには乗れても両側の輪っかを自分で回せない子、あるいは、自力では車イスに乗れず、かといって職員が抱えるのには体重の重い子たちは、施設にいるあいだ何年でも、ベッドの上しか知らない寝たきりの生活なのだ。

だから私などは、なんとかしてベッドから這いでようと、屈強そうなボイラーのおっちゃんや、訓練のおねぇちゃん（女の若い職員はこう呼ばれていた）が部屋の前を通るのを待ちかまえてはすかさず呼び止め、車イスに乗り移ることに成功するのだ。しかし重度障碍者は車イスに乗っても、軽度中心の遊び（かんけりやソフトボールなどが流行っていた）のペースにはついていけないから、結局やることがなく、やはりベッドでボーッとすることになる。

少し大きくなると、男女で部屋分けされると共に、職員の手間がはぶけるように、手のかかる重度と、ほとんど手のかからない軽度とに部屋を分けられる。部屋どうしの間に交流はあまりなく、動ける者どうしの部屋の交流は活発だったりするが、重度の者はどうしても部屋からあまり出ないので、自然と閉鎖的な雰囲気になる。もうそのあたりから、子どもどうしの間でも歴然と、重度と軽度の区別があったと思う（それもお互いに垣根を作っていたのにすぎなかったのだ、と後になって思うのだが……）。

それは、男女関係にも如実に現われていた。その時代はウーマンリブやフェミニズムという言葉もなく、たわいない会話ですんでいたが、やはり女の子でも男の子でも、健常者に近いほどもてていたし、重度の子が軽度の子に熱を上げるということはあっても、その逆に、軽度の子が重度の子に熱を上げるというのはありえなかった。それほど軽度と重度の上下関係は歴然としていて、もちろん軽度のほうが上である。特に女の子はそうで、軽度の女の子に対する羨望《せんぼう》の眼差しは私の中にもあったし、また施設全体の高学年の子どもの空気としてもあったのを、シビアな子は感じていただろう。

たとえば男の子の場合には、頭が良くてちょっとカッコ良かったら歩けなくてもまあまあもてる、というのがあるが、女の子の場合には、歩けなくて車イスに乗っていれば致命的に相手にされない。これはひとつには、女の子のほうが男の子に尽くすものだ、というのがスタイルとしてあったからだと思う。少々重度の女の子でも尽くしたいという気持ちを好きな男の子にアピールしさえすれば、なんとか彼を射止めることができないではなかったが、やはりカップルになるのは障碍の程度が近いものどうしだったようだ。要するに今にして思えば、釣り合いが取れないカップルはあり得なかったのだ。

そういうのを見ていて、そのころの私は、幼いころのようにたわいもなく誰かに憧れるとか、誰かを好きだという感情を軽々しく湧かせないようになっていた。だから、同じ部屋の重度の友達が同級生に熱を上げていたりすると、〈なんて無邪気な。どうせ相手にされへんのに〉と冷ややかに見てしまったりしていた。そして私はといえば、そのころ新しく来た正義感の強い独身の医師に、親友と共にキャーキャーと「初恋だ」と騒いでいた。子ども心にそのほうが無難だと思えたのだ。

私はもうこのころから男尊女卑には敏感で、男の子に「オマエ」と呼ばれて嬉しがっている女の子の気がしれなかった。だから私は男の子に「オマエ」といわれると、「私の名前はオマエやないねん。だから返事できひん」と言ったりした。すると相手も言い直してくれたりした。

また、こんなこともあった。運動会を盛り上げようと、職員が呼びかけて、高学年の軽度の女の子を中心に応援団をつくるようになって二年目ぐらいのころのことである。当の女の子たちの間で応援合戦の練習を嫌がる声が出ていると聞いて、私などは驚いた。速さを競う運動会なんて軽度の人のためにあるようなもので、重度身障者の私たちのためにはろくな競技もなかったし、ピエロを演じるようで大嫌いだった。だが単調な施設生活の中でこのような行事を行なうことの意味はよくわかっていたし、それなりに努力もして、ピエロも演じ切ればいいじゃないかと思うようにしていた。そんな中で、軽度の男の子が少ないために女の子が前で指揮を取る応援団は、女の子が勇ましくてかっこいい、私にとっては文句なしの運動会の花形だったのだ。

「障碍が軽度だというだけで女の私たちが前に出されるなんて恥ずか

しい……」というのがその子たちの言い分なのだろうが、頭にきた私は、思わず職員にぶちまけていた。「私ら重度でも嫌な競技に文句もいわず出ているのに、応援団が嫌やって！　応援団を女がやるって、かっこいいやん。軽度にしかできないのに女だからイヤなんて、なに贅沢言うてんのん。重度に対してのつらあてとしか思われへんわ」。結局、軽度の女の子たちも練習に出て、応援団も続いたが、軽度とか重度ということと、女と男ということの、微妙な機微というのを感じた出来事だった。

このように、子どものころのたわいない男女関係ひとつとっても、施設を出てからの進路を見ても、重度障碍者ではどうしようもないというのが如実にわかってくる。まわりの先輩を見ていくにつれ、重度というのは施設を出た後も社会に出られる人は皆無。在宅が普通で、たとえ施設に入りたいと思っても大人の重度身障者には終身施設しかない、という現実を知らされるのである。

何のための努力?

そんな中で私は、自覚的に一つの大きな選択をした。歩くための訓練を目的とした施設生活の中で、いわゆる「健常者」にいかに近づくか、という努力のしかたに、私自身で終止符を打ったのである。

施設に入ると、訓練に手術(私は、十年間で三回の手術を受けた)、それに、一応「良くなる」ためと称して、いろいろと医療行為を施されるが、以前より障碍が良くなるとか歩けるようになって施設を出る子はほんの少ししかおらず、障碍の程度は入ったころと変わらない子が大半であった。

逆に、先にも書いたように、死んでいった子や、入ってきたときよりも重度になって寝たきりになる子もいて、私にはそちらの現実のほうがより自分に近いものとして見えていた。

そういう生活の中で、私ははっきりと、「治る」とか「良くなる」とか大人は口に出すが、現実にはそんな可能性はないのに、いったい何のための訓練であり、何のための努力を強《し》いられているのか、と思うようになっていた。

そのころ私は、足に補装具を付け、車イスに上半身をひっかけて、補装具の付いた足をてこにして床を蹴って歩く、という訓練をさせられていたのだが、実際にそうやって歩いている友達を見ても、それは私にはとうてい「歩いて」いるようには見えなかった。

この意味のない「治る」という言葉の呪縛から解き放たれたい。無意識のうちに子どもを縛ろうとしてのしかかる、施設の第一の命題である「努力」という忌まわしい言葉から解き放たれたい。そういう強い思いの中で私は、〈自分が頑張って訓練したとしても、歩けるようになるとはどうしても思えない〉という真実に決着をつけようと決意した。

それは、五年生ぐらいのある朝だった。今日こそ無意味な努力にピリオドを打とうと決心して、起立訓練の姿勢のまま、主治医の先生が来るのを待った。そして切り出した。

「先生、私は訓練すれば、本当に歩けるようになるの？　無理だったら、はっきりと教えてほしい」

聞くまでもなく、答えは歴然としていた。だが、あえて先生に真正面から結論を出してほしい、でないともう先には進めない、という切羽詰まった感情だった。もうこれ以上、自分に嘘はつけないし、つきたくなかった。

先生は「ううっ」と苦悩をあらわにし、煩悶《はんもん》を隠さなかった。長い時間だったと思う。だが私が期待したとおり、その先生は逃げ出さずに、真正面から「無理やろな」と答えてくれた。

せっかく苦しい答えを出してくれたのに、先生に悪い、と思いながらも、聞いた瞬間、涙が溢れだして止まらなかった。だが、これで決着はついたのだ。

あとはそれで親が納得するかどうかだったが、次の面会日、私が親の希望への最後の孝行と思って、例の補装具を付けた姿でせいいっぱい病院を一周してみせても、母はとりたてて感慨を示さなかった。母にとっても、それは単に歩いている真似にしか見えなかったようだ。この母のクールさにはずいぶん救われたところがある。こうして次の日から訓練の内容を大幅に変えることになった。

私の長い施設生活の中で、この出来事は大きな「金字塔」である。こういうことを真正面から受け止めてくれた先生がいたことに私は救われたと思うし、そのことで自分の納得できる道を初めて選ぶことができた、と思うからである。

そして六年生になったころ、あるときふっと〈私がこれからも重度障碍者として生きていかなければならないのに変わりはない。ということは、私にとって障碍者であるということを抜きには、これからの人生もないということだ。それなら、障碍者のことを考えていけるような、運動のようなものを避けては、これからの私の生き方もないのではないか〉というようなことが浮かんだ。

そのとき、「運動」という言葉がたしかに浮かんだのだ。今から思えば、そのころ、世の中はたしかに騒がしかった。だが、施設の中はそんな情報とは無縁の世界で、運動というしっかりした概念が私の頭の中にあったはずもない。それなのにほんとうに、わけもわからず突然閃いたのだ。死に対しての自分なりの答えが出せたときと同じように。

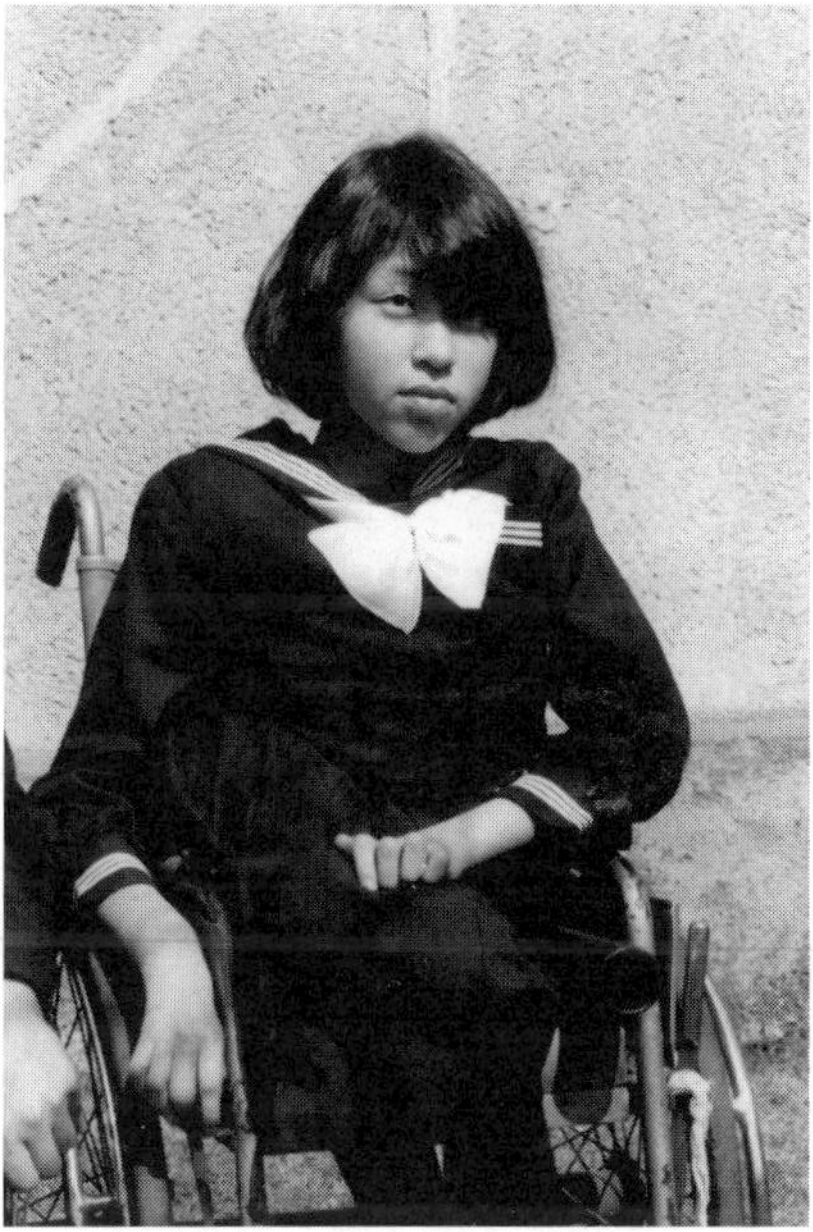

将来を考え始めたころ。

第三章

暗いトンネル

高校へ行きたい

六年生の終わりころ、小学校の卒業まぎわになって、私はあわてだした。〈どうしよう、このままでいいのか。もう、ぼやぼやしてたら、あっというまに中学の三年も終わってしまう。学校生活はあと三年しか残されていないんだ〉。

だがどうしていいかわからず、とりあえず何の確信もなく「高校へ行こう」と一人で決めて、親やまわりにそう言い出した。それに対して、一番の理解者だったのは親だった。

中学になって学校の先生に「そんなに重度で、なにも高校まで行かんでも、それより手に職をつけることのほうが大事やないか」と言われたこともある。私は内心そんなことを言った教師を軽蔑した。生徒がもっと上の勉強をしたいと希望しているのに、かりにも教育現場にいる教師の立場で、勉強しなくていい、としか言えないおまえはいったい何だ、と。

しかし現実にはその教師の言ったとおりで、口には出さなくてもおおかたの教師はそう思っていたことだろう。高校に行くといっても養護学校へ行くしかなく、それも歩ける子だけ。しかもそれだってほんのわずかしかいない。普通学校なんて考えられない時代だった。それなのにこんなに重度の障碍者で、特別勉強ができるというわけでもない、というより劣等生といったほうがいい私が、なにを偉そうに、というのが誰もの正直な気持ちだったろう。

しかし母は、私がまだ小学校を卒業するかしないかで言った「高校へ行きたい」という言葉をひとつも笑うことなく、「それは良いことだ、高校へ行けばいい」と賛成してくれた。このころから母は、私が世の中の規範にはまらず、少々無理難題と思われることに取り組もうとするのを喜んでくれているところがあった。

しかし、志は高くても実態はなかなかついていかなかった。圧倒的な学力不足である。私が小学校に入りたてのころは、重度の児童は教室に移動できないので、ベッド指導といって、教師が重度の児童のベッドに出向いて、マンツーマンで勉強を教えていた。先生が少なく児童はたくさんいる状況では、そんなことでは勉強にならない。国語や社会科などは、追いつかなければ一冊や二冊、教科書をとばすのが普通になっていたが、算数だけはそうはいかない。だから私が中学生になったときも算数が遅れていて、中三になってもまだ小学四年生ぐらいまでしか進んでいなかった。

自慢ではないが、私は勉強というものが大嫌いだった。宿題はまず八割はやっていかない。まったくやっていかないときもしょっちゅう。時間割さえ調べていないときがある。これは、歩ける子が私たち歩けない子の部屋にやってきて授業をするので、私はベッドにいたまま移動しないでよく、最悪、時間割を見ていなくても、脇の本立てから教科書を出してくればすむためなのだ。だから宿題も予習もやる必要を感じないし、授業で恥をかいてもなんとかつじつまあわせができる、という感じだった。

そんなぐあいで、志は高くても学力はともなわず、精神的にも、はっきりしている部分とひどく弱々しいところとの両極端だった。そのころの自己評価としては、「なにごとに対しても消極的でひっこみじあんなところがあり、努力というものが一つもできない、怠け者でどうしようもないやつ」と、内心ジレンマに駆られていた。実際、施設での訓練で私は、「努力をしない子」というレッテルを貼られていたのである。それは三度目の手術の後、訓練しても結果が手術前と変わらなかったからなのだが、そのときは「あることの成果が出ないからといって、努力してないと決めつけるなんて」とずいぶん悔しい思いをしたものだ。

だが、卒業文集のプロフィールの欄に、自分が思っているとおり「ひっこみじあん云々」と書いたら、男の同級生に「この文、ほんまか？」と言われて、自分が思っているのと人が見ているのとは意外と違うのかもしれない、と思ったりもした。

努力嫌いの白昼夢

だが実際にも私は、何につけても一生懸命ということが嫌いで、私たち重度障碍者の存在も基本的に認められてないのに、努力だけ要求するのはヘンや、そんなもの誰がしたるか、と、どこかで思っていたところがある。やがてそれが転じて、小学生のころからはじまった、私のボーッとした空想癖となり、小学校高学年のころにはほとんど白昼夢を見続けているという状態になる。

重度はほとんどベッド以外に生活空間がなく、時間はすべて規則通り、職員に管理しつくされている。その合間をぬって遊ぶのは、友達と喋るか読書をするぐらいしかない。私は読書家のふりをするのは上手だったが、実のところ本はぜんぜん読めなくて、本を開きながらも文字がまどろっこしく、すぐに空想に気を取られてしまう、というのが常だった。そしてしまいには読書は諦めて、本当に白昼夢に浸るようになる。一日中何もしないでボーッとしているのだ。何かしなければならないときだけ空想を一時中断して、それが終わればまた、前の続きから物語を創っていく。空想の中身はたいがい、スラッとした足をもって普通に生活している自分の分身の女の子のことで、その子には着たい服を着せ、行きたいところに自由に行かせることができた。そうやって本当に自由に自分の好きな女の子をつくり上げるのは楽しかった。

そのころ、ちょうど私が高校進学への希望と、現実とのギャップに不安を覚えるのと時期を同じくして、私の空想癖にオーバーラップしてきた一つの風景がある。

それは、毎日下校時間の夕方になると、施設の敷地に張り巡らせてあるフェンスの外を通っていく女子学生の姿であった。私より少し上ぐらいの年齢で、静かな、人通りのあまりない道を、朝鮮の学校の制服である、上は白いチョゴリ（ブラウスのようなもの）、下は黒いプリーツのチマ（スカート）姿で通るのである。

初めて見かけたときは自分の目を疑ったが、それ以来、毎日毎日彼女の姿が見かけられ、これは目の錯覚ではないと確信した。だが人に確かめたわけではなく、もし口にすれば彼女の姿は消えて、もう二度とその姿が見られなくなりそうで怖かった。

そのチマ・チョゴリ姿の女学生は、ちょっと線が細い感じで、髪を当時でいう乙女カットにして首の真ん中ぐらいに切りそろえ、いつも少し下を見ながらちょっと哀愁をただよわせたようすは、淋しげに家路をたどる美少女といった風情だった。どこかこの世のものでないような、不思議と現実感のない女学生で、私が空想の中でつくり上げている理想の少女のようだった。

先にも言ったが、この女学生が現われだしたのは、希望と現実とのギャップから私の空想癖がいよいよひどくなってきたころで、毎日彼女がフェンスの向こうの道を通るのだけが私の心の支えだった。たまに通らない日でもあると、どうしたのか心配だった。そして、そのうちに卒業でもしてしまって、もう通らなくなってしまうのではないかと不安だった。

その後、彼女が実際に通らなくなったのか、それとも、そのうちに私が彼女を気にしなくなって、彼女も卒業していったのか、今では思い出せない。

はたして彼女は本当にいたのだろうか、それともあれは私の白昼夢が創りだした幻想だったのだろうか。いずれにしてもその時期、私には彼女の姿を見かけることが唯一の自己確認といってよく、そのことに救いを感じていたことだけはたしかなことだ。

学校探し

そうこうするうちに、中学二年のころから、私の実際の高校探しがはじまった。

まず、重度でも受け入れてくれる寮が併設されている養護学校で、高校のあるところをあたる。試験に合格するかどうかなど二の次で、まず、私のように重度でも試験を受けさせてくれるかどうかが問題なのだ。結婚して親と同居していた長兄が、いろいろと当たりをつけてくれていた。そして、東京の国立市に住む姉のところから近い、立川市の養護学校へ面接に行くことになった。母と兄と私の三人で、そのころまだできてまもない新幹線に初めて乗った。私にとっては生まれて初めての家族との旅でもあり、旅自体、生まれて初めてでもある東京行きだった。

もちろんこのころは車イスで外に出るという考えはまだまだなく（こういうことも、その時代や社会の常識によって許されたり許されなかったりするというのがわかる）、すべて兄が私を抱えて、タクシーから新幹線に乗り、またタクシーで東京駅から国立まで行くのである。

国立には夜遅く着いたように思う。車の中での兄の話しぶりで、そのころの国立は東京のはずれの片田舎といったところらしい、というのがわかる。着いてみると、姉の家は市営住宅の古い木造の一軒家で、小さな林の中にあった。私にとっては憧れの自然に囲まれた環境である。七歳からずっとの施設暮らしで、私はほとんど自然の樹とか草花とかを見たことがなかったのだ。

次の日はさっそく立川の養護学校の面接である。やはりタクシーで乗りつける。そこは、そのとき私が入っていた施設と同じような形態なのだが、高等部があり、望めばそのまま高等部に進むことができるという、物理的には私に最適の条件だった。しかし応対に出た人に、高等部だけの受け入れはしていないという説明を受け、結局は断られて姉の家への帰路についた。

はっきり言って、私の状態からすればこれ以上のところはない、と思える施設だったので、ここがだめならこれからの前途がうかがいしれる、と暗澹《あんたん》たる気分だった。

だが、どちらにしても何日かはゆっくりすることになっていたようで、次の日も姉の家でゆっくりとすごした。とってもお天気の良いポカポカと気持ちの良い日だった。前の日、タクシーの行き帰りに小さな林を通ったときの気分も最高だった。姉の家は昔ながらの日本家屋といった感じで、中庭に面して低い縁側があり、庭の土や植わっている花が近くに見える。そこから差し込む日差しに、こんな場所でゆっくりすごせるなんて夢みたいだ、と幸せな気分にひたりかけたとき、私は変な幻想に襲われる。

部屋の真ん中に四角い巨大な積み木のようなものがあるイメージが浮かんだ。そして、むしょうに「その上に乗りたい」という衝動が突然湧いたと思ったら、もう下に落ちている。どうも後味の良くない、幻想というより衝動心理であった。それは、そのときの私の心理を反映したものだったのだろう。ある目的（＝高校進学）に身体ごとぶつかりたいと思っているが、現実には何もできず、もう駄目だったときのことしか頭にない自分がいる。その腑甲斐《ふがい》なさ。その積み木みたいなものから見事にふり落とされて、へしゃげている自分。私は本当に高校へ進学したいと思っているのか？　本当のところはどうせ駄目だと諦めている自分がいるんじゃないか？

そのとき、高校進学をはっきりとどこかで諦めている自分を自覚した。――〈この諦めが今回の高校の下見もダメにしたようなものだ。私が本当に高校に行きたいと思っているかどうかは、この諦めをなんとかする気があるかないかにかかっているんだ〉。

結局、そこは私がいた施設と同じで、治療や訓練を行なう医療施設として建てられているため、勉学を理由としては、特に義務教育でない高校進学という理由だけでは入所を許可できない、ということだったのだ。そこに移れば少しでも医療面で効果が上がる、というのならまだ理由になるのだろうが、調べたところこれ以上の回復も望めない、ということなのだろう。

私には選挙権がない

施設に戻ってからも、兄はいろいろと調べてはくれるが、やはり状況は厳しい。

一方、施設には、私の進学に一人だけ理解を示してくれている中学の社会科の教師がいた。その先生の授業は非常に面白く、生徒を差別しない、いい先生だった。他の教師は、言語障碍のない子にしか本読みもさせないし、当てもしないとか、露骨に差別的な授業が多かったのである。

だがその先生は、言語障碍はすごくあっても良い答えを出し、いつも皆をうならせる名物の生徒を発掘したほどで、根気良く生徒の話を聞き、興味を引く授業をする。

だが一つだけ、この先生の授業でショックを受けたことがある。この先生の受け持ちは社会科なのだが、その中で教わる「我が国は」の中に私は入っていないという事実である。施設の中には自分の朝鮮人としての立場がないことが、ひそかに内面に抱え込んでいた私の悩みだった。だから、選挙権について勉強しても、そのことに興味を持てば持つほど、自分には選挙権がないことを知ってショックを受けたのだ。

このいきさつについてちょっと書いておくと、参政権の勉強をしたことを面会に来た母親に話すと、「おまえには選挙権がない」と教えられた。私はそれまで、当然みんなと一緒という前提で勉強してきたので、「国民の権利」と教えられたものが私にはないという事実に、奈落の底に突き落とされるような思いがした。そして、後にも先にもこのとき限りなのだが、母親に対して「なんで私には選挙権がないんや。私も選挙権がほしい。朝鮮人はソンや」とごねたのだ。あわてた母が婦長さんに「うちのまりちゃんが朝鮮人はイヤや、日本人になりたいて言うてます」と訴えたらしく、後日婦長さんに「なんで日本人になりたいといってお母さんを困らせるのか」とお叱りを受けた。なんでも母親は私の反応にショックを受けて泣いていたそうだ。

だがそれは、私としては寝耳に水。私はべつに朝鮮人は嫌だなんて思ってない、ましてや日本人になりたいなんて言ってない、という気持ちだった。しかし、母親や大人にしてみれば、そういうことになるのだろうな、とも思った。

その後は、社会科で教わる「我が国は」の中には私は入っていないんだ、と意識の中で切るようにしたし、授業が終わった後、他の同級生のいないところで、そのことを先生にぶつけたりもした。今なら、べつに選挙といってもたいしたことじゃない、と思えるが、そのころは、「選挙権のない立場だからかえって一票の大切さがわかる。選挙に対して無関心な日本人は贅沢だ」と思っていたし、そう口にしたりもした。実際、民主主義の原理の中で、選挙権とはそれほど民衆の希望の象徴だったのであり、民衆の悲願だったのだ、という印象を今でも持っている。

その社会科の先生が、私の進学希望にただ一人理解を示してくれて、やり残しが山積みの算数を、課外授業で見てくれることになった。

しかし、実際の受け入れ校探しは遅々として進まず、中二の終わりぐらいになってやっと一つ、京都の向日《むこう》が丘養護学校に面接に行く。

施設の友達と。

「トイレまで行けたら学校入れたる」

その日は兄と母が、タクシーで施設まで迎えに来て、まっすぐ向日が丘養護学校まで行った。このときもまた、道中の景色は私には感嘆ものだった。一面の竹林の中を車が通り抜ける。それは、そのころNHKの朝の連続ドラマでやっていた『旅路』の一回目に出てきた、きらきら光る竹林と同じ風景だったのだ。これならかぐや姫伝説は本当に起こり得ると思うほど、太くてまっすぐに伸びた竹林がぼーっと煙っているかのように闇と光が絶妙に絡みあって、幽玄《ゆうげん》な雰囲気を醸《かも》し出している。そこに時折一筋に、まっすぐ光るほど明るく、光の筋が走っている場所がある。まるで、そこが特別の場所だと指し示しているかのように。私は高校はそっちのけで、その場所に降ろしてほしかった。

夢のような竹林を過ぎてしばらく行くと、竹林が切り開かれたような場所に、目的地である向日が丘養護学校があった。

そこは、そのころ私がいた施設とはうって変わって新しい施設だったようで、障碍児施設とはこうあるものだと思わせる場所だった。廊下沿いの壁の低い位置に、手すりになる広めの板が延々と張り巡らせてあり、障碍児に対する配慮がいたるところに窺《うかが》えて、私は非常に珍しく見学させてもらった。

そして、いよいよ訓練療法士のチーフのような人に私の身体を診てもらうための部屋に通された。施設でもよくやっているが、身体の部位を細かく分けて、それぞれの機能度を数値で計るのだ。私の背骨の変形をみて、その療法士のチーフのような人は、「なんでこんなに変形するまでほっといたんかな」とつぶやいた。〈ああ、またか〉。私は心の中で思った。私の背骨の変形は施設でも問題にされて、一時期、箱の中にいれて治療しようという話もあったのだ。だが私は、そんな生活をするぐらいだったら曲がったままでいいと言って、その治療を止めてもらったのだった。

療法士のその一言は、さきゆきの暗さを暗示する言葉だった。と同時に、その人に対して腹立たしさがこみ上げてきた。私という存在を無視しているといわんばかりのその無神経な言葉。――〈あんたの手の下にある私の背骨はいったいなんやのん〉。

その人は続けた。筋力が弱すぎる。高校は寄宿生になってもらうのだが、義務教育ではないので、うちは身のまわりのことをやる職員は置いてない。せめてトイレに行って自分で体を持ち上げることができなければならないが、この腕の力では無理だろう。車イスから自力で便座に乗り移れるように、今から三ヵ月間、必死に訓練しなさい。そしたら無試験で高校へ入れてあげよう。ざっとこんな答えだったと思う。

高校の入試のしめ切りまであと数ヵ月に迫っているときだった。あなたの体の状態からすると寄宿生活は無理です、とはっきり断られたほうがまだましだと思った。三カ月で私に一人でトイレへ行けるようになれなんて、無理を承知で難問をふっかけて、自分は良い子でいたいだけじゃないか。最終的には努力の足りないあんたが悪い、ですませるための方便としか私には思えなかった。

これにはさすがの私も傷ついた。施設に帰った後も、しばらくは寝たふりをして萎えていた。わけもわからず涙がこぼれてきた。やはり悔しかったのだろう。しかし、部屋は八人部屋。悔しさに声を上げて泣くわけにもいかないのだ。

この訪問のとき、兄嫁が持たせてくれた、重箱に詰めた、朝鮮料理も入った弁当。見たこともないような豪華な弁当を、養護学校の空き地で食べられたことがうれしかった。あの竹林と、きれいで美味しかった弁当だけは今でも良い思い出として残っている。

この体験で、重度障碍者には世の中のハードルがすべて障碍のところで引っかかってくる、というのがはっきり身をもってわかった。「一人でトイレに行けるようになれば無試験で通してやる」なんて、高校へ行くのに勉強ができるかどうかすら関係ないんじゃないか、とますます勉強に対する熱意は冷めていったように思う。このことをきっかけに、養護学校は無理かもしれない、とどこかで思うようになってきたことはたしかだ。

ちょうどそのころ、私と同じぐらいの障碍の程度で一つ上の先輩が、その年にNHKの通信高校に行くことに決まっていた。最悪の場合はその手がある。だが、私にとって高校とは、勉強がしたいから行くというより、友達やさまざまな人間関係の中で見聞を広めたい、というのが一番の目的であった。だから、私に必要なのは学舎《まなびや》なのだ、とあくまでも高校探しは断念しなかった。

そのころ、二年前ぐらいに退院して就職していた軽度障碍者の先輩が自殺した、というのが噂になった。ギーちゃんと呼ばれていた彼は、どこか線の細い感じのする、一見、いつも独りでいるような変人タイプなのだが、話をするとそうでもなく、なかなか自分の趣味をしっかり持っている人だった。

ギーちゃんと私の関わりは音楽で、私も小学校四年ぐらいからトランジスタ・ラジオを自分のベッドに持ちこんで、ポップミュージックを聴きあさっていた。消灯した後は小さく音量を絞って、耳に押し当てて聴くのだ（私はイヤホンというものが嫌いだった）。そんなふうになったのは、小学校二、三年のころにテレビで見かけた「てんとう虫頭のビートルズ」に釘付けになったのがきっかけだった。今から思えば、私は生まれて初めてカルチャーショックを経験したのだろう。トランジスタを手に入れたのも、ポップスに興味を持ち出したのも、あれが入り口だったのかもしれない。

そんなとき、ビートルズが来日する、そのコンサートがテレビで放送されることを知った。消灯時間である夜の九時からだった。時間は刻々と近づいてくる。私はどうしてもそのようすを一目見たいとむしょうに思った。幸い、その日の泊まりの人はわりと話せる看護婦さんだった。そのおねぇちゃんが電気を消しに来たとき、私は思わず「お願いやから見せて」と頼んでいた。その人は、思わず絶句した後、「しらんわ」というふうに出ていった。

私は天にものぼる気持ちで、今、同じ日本で行なわれているビートルズの演奏に聞き入っていた。そしたら、急にドドドンッ。部屋のドアが荒々しくノックされたかと思うと、高学年のお兄さんが怒った顔で「もう、消灯せなあかん時間とっくに過ぎとるやろ！」。私たちは慌ててテレビを消し、消灯して寝た。

それが、その後死んでしまうギーちゃんとの初めての関わりだった。でも、ギーちゃんもいち早くトランジスタを持つようになった人だった。補装具なしで松葉杖だけでヒョロヒョロ歩く姿の手元には、大きなボリュウムでポップスをガンガン鳴らしたトランジスタが、いつも揺れていた。

退院のころは、彼が一番年上ぐらいになっていた。私たち下の学年の者には、いい意味で何かと影響力があったように思う。その人の自殺。だがそれも、施設中で噂としては流れたが、誰も確かめるすべもなく、いつしか忘れられていくのだった。しかし、そのころの自分の学校のことと思い合わせてみると、軽度にとっても重度にとっても、社会の壁は今以上に辛いものだったんだなという感じがしてならない。

結局、進学が決まらないまま私は卒業となり、そのまま一年間、施設にいることになる。その間も例の社会科の先生に算数の課外指導をしてもらうが、それはあくまでも先生個人の好意であって、養護学校のそのまた分校としては、進学希望を持つ生徒への対策は取りようがない時代のようであった。

一年後に、最終的な妥協策としてあったＮＨＫの通信高校にすると決め、十年間の施設生活に別れを告げる。

いまだにこの施設ですごした十年は、私にとって大きな体験であり、私の人生はそれ抜きには考えられない。それ以降も長いこと、夢の中では私はずっと施設にいた。施設はそれほど私の生活経験のベースとなっていたのだ。七〜十七歳という、人間にとって最も感受性の強い時期を、私は丸ごと施設という特殊な空間の中ですごしたのである。

帰宅――通信高校へ

家に帰ったら車イスで生活できるように家を改造したい、それが私の夢だった。そのために、かっちりして小さく坐り心地の良い、木の床なら自力で押せる車イスを購入もしていた。だが実際には家の改造をするまでの経済力はなく、それはただの夢物語で終わり、車イスもまっさらのまま錆びていった。

二階の六畳が私の部屋としてあけわたされた。窓が広く、道路をはさんだ向かいの屋根と空がよく見えた。

家に戻ってからもずっと高校探しは続けていた。東京の光明《こうめい》養護学校と京都の与謝野海《よさのうみ》養護学校に、自分を受け入れてほしいと綴った手紙を投函したりしたが、やはりすべてだめだった。そしてさらに最悪の事態が起こった。

養護学校にことごとくふられるという落胆の中で、もうあとは最後の受入先であるＮＨＫの通信高校からの詳しい連絡を待つばかりと思っていた矢先、そのＮＨＫから突然電話が入ったのである。私が応対したのだが、結論を言うと、ＮＨＫの通信高校もダメになってしまったのだ。

理由は、通信教育とはいっても毎月二、三回のスクーリング（学校へ行って勉強すること）があり、そのために各地の普通高校をいくつか協力校として頼んでいるのだが、私が行くはずだった大阪の協力校が、今年から障碍者は（要するに手のかかる重度は、という意味だろうが）お断りしたいと言ってきている。ＮＨＫとしては、夏期講習や冬期講習という形でなら、国立にある本校で受け入れることができるのだが……というのだった。

私は「そんな、バカな」と信じられない気持ちだった。最終的な頼みの綱と思っていたところも、今年から障碍者締めだしなんて、そんなことがあっていいのか。だが、とにかく断られたのだ。なすすべがなかった。もう何も考えられない。誰も助けてくれない。どうすればいいのか？

そんなある日、兄が新聞の広告を手に二階に上がってきた。そのころ、名古屋でてっちり屋を開いていた長兄夫婦が、私の面倒をみるために親の家に戻ってきて、二階は母と私、一階は兄の家族という生活がはじまっていたのである。

もう新学期もはじまった五月ごろだったように思う。兄は、近畿大学附属高校の通信制課程の広告を見つけたので、自分が一度話しに行ってみるという。そこなら家からも近いし、タクシーで通ってもそんなに出費にならないだろう。兄はそう言って、さっそく出かけてくれた。

私は、どうせだめだろう、と思っていた。しかし、兄が持って帰ってくれたのは「受け入れましょう」という予期せぬ返事だった。それも、無試験で次のスクーリングから通ってきてもいいという。入学の手続は兄が済ませてくれた。その兄も二、三年前に亡くなったが、兄は、妹の向学心の旺盛さにこたえてやりたい云々、と言ってくれたそうである。

一九七一年の春。私は高校からは「金満里」で行きたいと思っていたが、このあわただしい入学でそれはかなわずじまいだった。だが、一度諦めかけていた高校進学は、兄の最後の一押しでとんとん拍子に実現したのだ。だがむしろ、本当の落ち込みは入学後に来ることになる。

遠い級友たち

スクーリングのときは兄が私を学校に連れて行き、そこでずっと待っていて、化学や生物といった、教室を替わる必要がある授業のときは移動させてくれる、というやり方で、私の通信の高校生活ははじまった。教室のイスでは体を支えるのが精一杯なので、ノートが取れない。その打開策として、テープレコーダーに授業を吹き込んで、家に帰ってテープを聴きながらノートに取ることにした。また、入学にあたって、高校の数学を理解するために、家庭教師をつけてもらった。

このとき一番初めに来てくれた家庭教師によって、私は算数ではなく数学というものが少しは解けるようになったし、初めて数学（算数も含めて）の面白さに触れたように思う。この人は、単元ごとに私の実質的な学力である小学四年生の算数にまでさかのぼって、必要なことをまとめた解りやすいテキストをつくってきて教えてくれた。

私はかなり理屈っぽいほうで、ただ「これはこうするものなのだから」といわれても納得できない。だがそれまでの算数では、私の疑問に対して答えてくれたためしがなかった。そうなるともう躓《つまず》いてしまう。しかしその先生は、私のさしはさむ疑問に一つ一つ見事に答えてくれた。こういう教え方をずっとしてほしかったのだが、その実、実際にそういう教え方があるなんて思ってもいなかった、という感じだった。

私がびっくりすると、その人は、自分は頭のいいほうではない、こつこつ努力して初めて解るほうだから、人がどこで解らないのかがわかる、と言う。それを聞いて、なるほど、と納得してしまった。

とにかく、少しでも数学が面白いものだということがわかったというのは、私にとってこのころの最大の収穫だったと思う。でないと数学に対して一生後ろめたいものが残っていただろう。とにかくこの先生のおかげで、数学の基本的なことはある程度理解できるようになった。

しかし、月二回あるスクーリングはといえば、私は座高が低いので一番前に席を取る。だが、他の生徒は前列には坐らず、それより後ろの席を取る。高校卒業の資格を取りたいために来ている人たちが多いらしく、あるのは授業だけで、生徒間の交流はまったくない。私に話しかけてくる人も皆無。生徒どうしの会話もあまりない。

みんな資格だけが問題なので、私のように人間関係を広げることで社会への窓を開けたいと思っている者はここへは来ない、ということがわかってきた。かといって、私のほうからみんなのいる後ろを向いて話しかけるほどのきっかけもなかなかない。第一、私にとって「後ろをふりむく」というのは物理的に至難の業なのだ。

私は教室の中での自分の位置を、無国籍者のようだと思った。そのうえ私は勉強のための勉強がもともと苦手である。テープをもとにノートを取ることもそのうちしなくなり、テストで赤点をもらわないためだけの泥縄式の勉強となる。

私が進学に対して抱いていた期待の甘さが、いま暴露されつつあるのだ、私はそう思った。自分には能力もなく、努力する気もないのに、一生懸命通わせてくれている兄や、無理を押して受け入れてくれた学校に対してても申しわけないと思った。高校まではまだそれが通っても、その先の大学となると、もうこれ以上兄に無理を言うわけにはいかない。それははっきりしていた。

そう思い出すと、大学まで、と思っていたのも自分の甘さだ、と自分を責めだした。実態もないのにそこまでのことを望んだ自分は、結局は権威主義者だっただけじゃないか。大学に行って福祉を目指したいなんて、結局は同じ障碍者をお尻の下にしき、自分はエリートの位置で、高みで福祉を論じたかっただけではないか。

そこまで気づきだすと、もうどうしようもなく精神的な深みにはまっていった。高校の一年目から二年目にかけて、私が十八、九歳ぐらいのときのことだった。

こういうふうに思い返してみると、そのころは先のことを思いあぐねて現実に生きていなかったんだな、ということが今ならわかる。と同時に、自分はつい先々のことを考えるせっかちな性格なんだ、ということも改めてわかる。結局それもこれも観念的な世界にすぎないのだが、このときは自分の将来が懸かっていただけに、どうしようもないところまで落ち込んだ。

思えば私は、学校というところに社会へ通じる窓としての役割を期待していて、そこさえ確保できれば自分のやりたいことがおのずと開けてくると思っていたのだ。ところがその学校がだめとなると、とたんに壁に突き当たる。

中学のときに教師から言われた「おまえみたいな重度が勉強して何になる。それより、編み物でもなんでも手に職をつけて、たとえ一円でも自分の手で稼げるようになるのが、家族を安心させる道じゃないか」という言葉が蘇ってくる。はっきりいって、このままでいくと私にはその道しか残されていない。

兄のお嫁さんになった人もいい人だから、もし母が亡くなったとしても、兄夫婦が親切に面倒をみてくれるだろう。それはわかっている。しかし、いいわけにしかならないような小遣い稼ぎで家族の中で認めてもらわなければならないとしたら、それは生きていることに対して後ろ向きというものではないか。その仕事にやりがいを感じているというのならともかく、面倒をみてもらっているのだから、と気兼ねし続け、私もこのぐらいはしている、と、ただアリバイをつくるだけの人生。そんな一生は人生を諦めろといわれているのと同じだ。まだ若いのに、これからの長い年月を死んだように諦めて生きていくなんて……。

一つの光景が浮かんで来た。——波一つない、静かではあるがどんよりした水面の薄暗い中に、小さな小舟がプカプカ漂っている。広い海原を行くあてもなく、沈むでもなく、進むでもなく。

私はゾッとした。そんな人生なら死んだほうがましだ、と思った。その次に、そんなふうになったら私は死ねるだろうか、と気になりだした。死にたくなったら、どんな方法が残されているのだろう？　手首を切る、にしても力があるだろうか。嘘をついて睡眠薬を買ってきてもらって飲む、というのが一番だろうが、そんなにうまくいくだろうか。だが本当に死にたいと思えば、いくら重度の障碍者だって死ねるはずだ。要は、そうなったときに本当に死ぬ勇気があるかどうかだ。——こんなふうに頭の中ではどんどん状況が進んでいく。傍目には、私がそこまで煮詰まっているとはわからない。だが意外とこういう積み重ねで、本当に死ぬという行為までいってしまうのだろう。現に、私がどんどん自分を追い詰めていたときと時期を同じくして、私の姪《めい》が自殺した。東京からの知らせだった。

死を選んだ人

一九七三年二月二十六日。その朝、私は夢見がすごく悪くて、起きるなり母にその夢の話をした。——何番目かの兄が死んで、母の部屋に寝かされている。その死に顔に月の光がさし、顔がはっきりと見える。首が反るぐらい引きつり、目が天井を睨み、すごく苦しそうな恐ろしい死に顔だった。目覚めた後もなんだかいやに不快感が残った。特別に後味の悪い夢というのはあるもので、この夢もただごとではないという感じがしていた。

昼も過ぎ、その夢の記憶も薄らいできたころ、電話のベルが鳴り、急な知らせが届いた。姪は中学三年の十五歳。第一志望の高校の入試を明日に控えた日に、自分の住んでいるマンションの屋上で、石油をかぶって火をつけた。焼身自殺だった。

この年は、連鎖反応のようにこの年代の少年・少女の自殺が相次ぎ、マスコミで取り沙汰された年で、そのはしりとなる出来事だった。それも、焼身自殺という方法が若年層に初めて出てきたというので、衝撃をもって受け止められた事件だった。まさかそれが身近で起こるとは——誰しもそう思う。

私だってこのままいけば自殺しかない。だけどその勇気があるかないか、それが私の問題だった。だからなおさら他人事ではなく、先を越されてしまったような気持ちになった。自殺した姪は、幼いころ私と一緒に育ったので、なおのことショックでもあった。遺書には「自分でもなぜこんなことをするのかわかりません。今が一番幸せなときだと思うのに」とあった。彼女もどこかで、自分の人生を見越してしまったのかもしれない。
その年の八月にまた、私のいた施設の、まだ若い職員が自殺した。やけどのため片足にケロイドが残り、少し足を引きずっていたが、看護婦をしていた人だった。新聞を見ていて偶然その記事を見つけたのだが、いぜん私の中で自殺の可能性は消えていなかったらしく、その日の日記にこんなことを書いている。

K……のねぇちゃん（職員）といいTちゃん（姪）といい、死を選んだ人の心境は、第三者にはまったく想像もできないことばかりだ。それほど人間というものは、他人には理解し得ないものだろうか。いや、自分自身にもわかってないのだ。自分でもよくわからない感情が、気がつかないうちにムクムクと湧き上がってくる。それがある人にとっては苦しみからの逃避であったり、ある人にとっては人生への希望であったりするのだろう。自分の知らない力がどういう違いで、そのどちらに分かれるのかはわからない。だが、誰にも自分の知らない自分自身というものがある以上、それが希望へつながることもあるが、死へつながる可能性も同時にあるのではないか。希望への道を断たれたとき、私は死を選びたいと思っている。

これを書いた後、ここにはものすごい自己矛盾があるな、と思ったのを覚えている。いま読み返すと、このときの私は結局、生きるほうに力をみなぎらせているとわかる。しかし、人は両方の可能性を同時に持ちあわせているのだ、という思いは今でも変わらない。実際に自殺する人が、死ぬことが勇気だと思うのかどうかは知らないが、そのときには、「もう死ぬしかない」と思っているのはたしかだろう。そしてある日、本当に死神が取り憑《つ》いたように、ひたすら死ぬ方向にしか頭がいかないようになり、どんどんそのための準備に取りかかり、ある日ふっと決行してしまうのだ。私の姪がそうだったように。

第四章

運動

初めて、キム・マンリとして

この先を考えるともう死しかないのではないか——そのときの私は、明暗を分ける境目にいたと思う。

そんな矢先、あまりつきあいのなかった施設時代の後輩から、突然電話が入る。自分たちのやっているグループに来ないか、という誘いだった。私は小さいころから、宗教の勧誘とかが大嫌いだった。どうせそんな誘いか、あるいは福祉の何たらで、親や兄弟に連れてきてもらえ、というのだろうと思って、ぜんぜん期待していなかった。すると彼女は、兄弟や親が連れて行くのではなく、参加するなら迎えに行く人たちがいる、という。私はまた、「それ、ボランティアなん?」と聞いた。

それまで、私は実は大のボランティア嫌いだった。たまに施設に訪問に来るボランティアたちは、たいてい小さい子どもを相手にして、私たち年長の者のところへはめったによりつかず、遠巻きにしてお茶をにごして帰るというのがせきのやまだった。そういう「ボランティア」たちを見ていると、たんに優しさぶりっ子なだけで、その実、当事者のことなんてどうでもいいのではないか、結局ボランティアなんて健常者の若い男女の恋人探しの場の一つでしかないのではないか、という思いが拭えなかったのである。

しかし、返ってきた彼女の答えは、「ボランティアと違うねん」だった。ボランティアと違うんやったら何やねん、と聞くと、「友人関係やねん」。

親でもなく兄弟でもなく、そしてボランティアでもない友人関係――そんなものが本当にあるのか。驚きと共に、もしかしたらここには何か、今の私の状況に対しての手がかりがあるかもしれない、という直観があった。とにかくそのときの私は、本当に藁をも摑む気持ちというか、砂漠で水を求める気持ちだったのだ。

私はすぐに行ってみると返答した。そして、自分から事務所に電話したと思う。初めての電話から「金満里」を名乗って。

その日から私は、念願だった「金さん」になった。その年の年賀状で施設時代の友人にも自分の名を明かし、これからは「金満里」で通すと伝えた。通信高校だけが「原田」となった。

初めての会合に、私は施設時代から親友と決めていた友人を、せっかく久しぶりに会える機会だから、と誘って、彼女も一緒に行くことになった。一九七三年の八月ごろのことである。だが当時は、一人の障碍者に一人の介護者がつく、といった余裕はなく、健常者が何台かの車で同じ方向の障碍者の家をいっぺんに回って連れてくる、といったやりかただったので、その友達とは会合の席で会っただけでろくに話もできなかった。

私の家にはバンのワゴン車が着いて、えっ、まだ行くの、というぐらいあっちこっちを回り、次々と人を乗せていく。着いたところは会館のロビー。初めて参加した会合は、そのロビーの待合所でおもむろにはじまった。不馴れな私には、その会合の持ち方もとまどうことばかりだった。どういう集まりなのかいっさい説明されず、迎えに来た健常者たちは遠巻きにうろうろしており、なんだかわけのわからない少数の健常者が出入りするだけだった。

そこでさらに私を驚かせたのは、連れてこられた障碍者だけで会議が始められたことだった。中心になって話している女性がどうもリーダー格らしく、その歩けるCP（脳性マヒ）であるAさんが、すごくきつい言語障碍をともないながらも、すごい勢いでみんなを説得し引っぱっていっているのだ。話されている議題はちんぷんかんぷんで、私にはさっぱりわからないものだったが、彼女の説得力、巧みな話術には感心しきってしまった。そんなわけで、何がなんだかわからないまま次の会合にも行くことになる。

その会は「グループ・リボン」という名前で、今から思うと、その後日本の障碍者運動の先駆的役割を果たすことになる「青い芝の会」（これはCP者が中心だった）を関西につくるための準備組織としてつくられたようである。だが、実際には、「青い芝の会」結成後も、初歩段階の入門組織として並行して機能していた。「グループ・リボン」（以下リボン）の合言葉は「そよ風のように街に出よう」。それまで障碍者が家や施設の中に閉ざされていた状態から、外へ出てなんでも自分の目で確かめてみよう、というのが設立の趣旨である。そして、リボンと青い芝の会の介護をするのが、「グループ・ゴリラ」（以下ゴリラ）。これは、力は貸すが頭は貸さない、という立場で障碍者の主体的な自立解放運動を支援する組織。運動はこの三つの組織の連帯で成り立っていた。

私はなんと二回目の会合で、そのリボンの副会長になった（らしい）。「自殺したい」からはじまり、このころは私にとっての激動期だったらしく、あまり覚えてはいないのだが、私がその時期に書いていた日記に残っていた記述である。

そこには、まだ会の活動について知らないうちに人に推されて（どうせそのリーダーのAさんが推したのだろう）副会長になってしまったことのとまどい、なってしまったからには役割を果たそうという決意が書かれている。

その直後に、もうすでにカンパ活動を一人でやらされていた。この

「街頭カンパ」というのはなかなかインパクトのあるもので、なにしろまだ町で障碍者をみかけることなどまずない時代に、いきなり街頭でカンパを呼びかける車イス障碍者の一群にでくわすのだから、一般市民の動揺といったらなかっただろう。

だから、障碍者をさらし者にしてとか、過激派とか急進組織とか、この運動に対する世間の評判は反発に満ちたものだった。しかし私の母親は、「カンパ活動に行ってくる」という私に反対するでもなく、むしろ「それはいいことだ。行ってこい」という反応だった。

とにかくよくわからないまま、すごい勢いで進んでいく運動に、私は水を得た魚のようにのめりこんでいった。まるで吸い取り紙が水を吸収していく勢いでその運動を血肉にしていっているのが、自分でもわかるほどだった。

「青い芝」という運動

この運動は、私がそれまで施設や高校探しで感じてきた疑問を一挙に氷解させるものだった。それどころか、まさしく私が行き詰まっていた問題について、それは私のせいではなく社会問題であるとして、新たな掘り下げを与えてくれたのだ。

私は青い芝を起こした人たちが書いた本を読みあさった。特に私にとって大きかったのは青い芝に大きな影響を与えた共同体「マハラバ村」の発生と崩壊について書かれた『ころび草』[★2]という本と、母親による障碍児殺しに対して住民から起こされた減刑運動を、逆に阻止する運動について書かれた『母よ!殺すな』[★3]という本だった。つまり、減刑を認めることは、障碍児なら殺してしまってもしかたがないという考え方につながる。健康で優れた子孫を残していこう、逆にいえば、障碍児など問題のある子どもはできるだけ産まないようにしよう、という考え方を優生思想と言うが、これに徹底して反対するというのが青い芝運動の根幹をなしていた。

「青い芝の会」というのは、初めての会合でみんなを引っぱっていたAさんがそうであったように、CP者が起こした会で、関東が発祥の地である。創設のいきさつはよく知らないが、なんでも、すでに故人だが大仏和尚《おさらぎおしよう》と呼ばれていた寺の和尚が、自分の寺を開放して、障碍者の共同体「マハラバ村」をつくり、寝食を共にして説法を聞かせた。それが会の中心メンバーに影響を与え、青い芝の思想的基盤となっていったようだ。

そのあたりについては『ころび草』に詳しいが、私の覚えている限りでその考えを紹介すると、人が猿から進化するのに二足歩行が必然であったのと同様、CPも人類の必然であった。なぜならば、脳性マヒの多くは、難産・早産という形での胎児に対する過度な負担が原因である場合が多い。人が二足歩行することによって、妊娠中のお腹は、四本足で支えられているのとは違って下に下がる形となり、その結果、無理な重力がお腹にかかることになる。それが難産・早産になる可能性を格段に高めることになった。人間が人間になるために二足歩行が必要だったのと同時に、難産・早産も必然となったのだ。だから人類には障碍者を受け止める義務がある。

こんな議論がしょっぱなから展開されるのだ。その一方で、大仏和尚は、てめぇらCP者がまともに人間扱いされると思うなよ。どこまでいっても一般の健常者が、おまえらCP者を心底受け入れるなんて信じるな。

とCP者を集めて説法するといった、はちゃめちゃ憎ぶりだったという。これが結果的に、後の青い芝の行動綱領になったのではないかと私は思う。

その行動綱領がまた強烈で、ここに書いてみるが、

一つ、我らは自らがCP者であることを自覚する。
一つ、我らは強烈な自己主張を行なう。
一つ、我らは健常者文明を否定する。

一つ、我らは愛と正義を否定する。
一つ、我らは問題解決の道を選ばない。

健常者にとってはびっくりするような文句も並んでいるが、青い芝がどういう組織であったかは、この五つですべて言いつくされていると思う。

私は施設で育って、いろんなものを見てきて、彼らの言わんとしていることが本当によくわかった。理屈ではなく、感覚・実感の部分でこの行動綱領が大好きになったのだ。

わけはわからなくても痛快さがあった。私も施設にいたころから物事をつきはなして見るたちで、気やすめで救われたためしはない、と思っていた。そんな私の心の中にこの行動綱領はストンと落ちてきた。すべての気やすめは命取りだ、表面に見えているその奥を見ろ、現実のありのままを、まず己を直視しろ、といっているこの行動綱領は、愛や正義までも否定しているといって世間からはずいぶんと反感を持たれた。だが、私はもともと愛だの正義だのは信じていなかった。私が生きてきたのはそんなものとは無縁の世界であったし、第一、言葉にして人に押しつけるとろくでもない代物になるのだ、この愛と正義というものは。

こうやってCP者の解放をうたってできたこの「青い芝の会」は、それまでの健常者中心の、「障碍者福祉」や「障碍者のための」といわれる運動とは一線を画すもので、CP者によるCP者自身の運動であった。

なぜCP者だけなのか?

健常者中心の文明、というより、そのペース、リズム、人間の骨の髄まで染み込んだ、人はすべからく健常者であるべし、という社会の大前提——それは単に「文化」という言葉で言い表わすものよりはるかに圧倒的であり、ひたひたと間断なく押し寄せる波のようなものである。そうした社会の中で、CP者は、あらゆる面で健常者とは対極といえるぐらい遠いところにいる。それほどの違いを、CP者はたしかに持っているのだ。だから排斥《はいせき》も強く受ける。

CPが言語障碍をともなうというのも大きい。この文明社会といわれるものは、基本的に言語に頼っている。人間としての価値判断の中で、ちゃんと話せる、というのは絶対である。それがもっと進めば「いかに論理的か」というのが、その人間の高度さを計る尺度となる。だから、言語に障碍がある、もしくは言語でコミュニケートできない、となるとたんに、この人は意思疎通そのものができないと思い込み、その相手を無視するという行動にでる。

当時の障碍者をとりまく状況は、私の施設時代や高校探しの過程を思い出しても、やはり今とは比べものにならないひどさであった。施設を充実させることが障碍者福祉だとばかり、施設収容政策一辺倒で、障碍者が町に出るなんて考えられなかった時代に、収容される側、とりわけ健常者からほど遠いCP者たちが、障碍者であることを全面的に肯定宣言した運動を繰り広げたことは、私たち障碍者にとってどれほど救いとなったことか。

障碍者としての私の行き詰まりの状況は、そのまま障碍者全体の状況だった。私はちょうど、今まさに燃え上がろうとする運動の兆しに触れ、共に成長することになる。そして青い芝の、障碍者自身による激しい自己主張運動は、健常者中心文明の価値の転換を迫る運動として強烈なセンセーションを巻き起こしていく。

そうした中で私はというと、CP者の立場ではないが、障碍が重度だったことと、彼らと共に現実を見据える目を養ってきた立場として、CP者以上の活動家になっていった。

集会か、学校か

それでもそのころは学校第一、運動はあくまでも学生の立場で、と思っていた。しかし、それもわずか二、三ヵ月で打ち砕かれることになる。おりしも厚生省の優生保護法改正、こちら側からすると「改悪」という問題が噴き出してきたのである。

私が活動に通いだしてまだ間もない、一九七三年十一月ごろだったと思う。優生保護法改悪阻止の集会が大阪で、青い芝の会主催で行なわれることになっていた。その日はスクーリングの日だったので、私は当然集会には不参加と決め込んでいた。

ところが、その何日か前になって事務所から電話が入った。「改悪阻止の集会に来ないとはどういうことか。学校とこの集会の意味を天秤にかけたらわかることやろ」。私は困った。痛いところを突かれた気分で、言われたことは認めざるを得ない。私は苦肉の策で、学校の送りは家の人にしてもらい、迎えをゴリラに頼むことにした。要するに学校を早退するということだ。それも家の人には内緒で。私はこのことで、抜き差しならない運動への深入りを感じ始めていた。

優生保護法というのは、その名のとおり、優良な子孫を残すための法律である。遺伝的に不良とわかれば堕胎《だたい》（妊娠中絶）してもいいと法律が許可するのだ。私もよく知らないが、日本には堕胎罪というのがあるそうで、妊娠した場合は特別な理由がない限り産むのが原則となっていて、優生保護法に定められている以外の理由で胎児を堕ろすと罪になる。要するにこの優生保護法というのは、「優良な子孫」を繁栄させるために、国家の利益に照らして不良な子孫と優良な子孫に分けて、遺伝子の段階から管理してしまおうというものだ。事実、法律の目的からしてはっきりと「不良な子孫の出生を防止する」ため、とうたわれている（近年やっとこの法律も見直されはじめたようで、法律の目的から「不良な子孫の出生を防止する」という表現を削除し、優生思想の部分を削って、法律の名前自体も「母体保護法」と改める、という改正案が与党の側から出てきているという[*4]）。

そしてこのときの「優生保護法改悪」は、中絶の理由として認められている「経済的理由」の項目を削り（現在の日本の中絶のほとんどは、法律的にはこの項目を根拠としている）、中絶を認める理由として新たに「その胎児が重度の精神又は身体の障害の原因となる疾病《しっぺい》又は欠陥を有しているおそれが著しい」とき、という一項を付け加える、というものであった。

堕胎罪や優生保護法そのもの——受胎した胎児は基本的にすべて産まなければならないとか、人を優良・不良に分けるのは、日本の富国強兵時代のなごりなのだろう。今はそんな時代ではないとはいっても、それでもなおかつ、「不良な子孫」なのだから法律が堕ろすことを認める胎児や遺伝子、それが、社会にとって役に立たない障碍者の命というわけだ。

「障碍者はかわいそうでしょ。障碍者は生まれてこないほうが幸せでしょ」とたたみかけられると、誰もが迷わず「うん」と答える。私が幼いころ、「歩きたいやろ？　歩きたいと思わへんのか？」という言葉に、じっくりと自分の本心を考える間も与えられず、条件反射的に「うん」と答えさせられていたのに似て、「これは常識だ」「社会の通念だ」と押し寄せてくるものに対して、人は無防備にさせられているのだ。

このことに気づき、怒りを持ったことが、私の生きる大きな力となった。反対集会で一人の障碍者が発言した「また生まれ変わるとしても、自分は障碍者がいい」という言葉に、目がさめるような感動を覚えた。

これは私にとって大きな転機となる出来事だった。

その年だったか翌年早々だったか、とにかく寒い冬だった。厚生省に坐り込む、全国青い芝の会行動に参加。

大反対を覚悟で、親に優生保護法の説明をし、坐り込みに行くと告げ、意外とすんなり理解された。夜遅く大阪から車に分乗して、夜じゅう走って東京へ着き、厚生省へ。その日だったと思うが、厚生省側との交渉に入り、夜はロビーで寝る。一泊と記憶しているが定かではない。次の日は決起集会。私にとってはすべて初めてのことで、わからないながら面白かった。

その機会をとらえて、私はかねてからの疑問だった「なぜ青い芝はCP者だけなのか」という言葉を、全国青い芝の会長をしていた横塚さん(『母よ!殺すな』の著者。故人)にぶつけた。初めて会う横塚さんは、かなり年配の理論家で、人格者といったふうの人だった。その交渉すべてを仕切っていた人だったので、私はとても緊張し、お話をうかがうといった感じだった。私は、「CP者でなくても、私のような重度の障碍者はCP者と同じぐらい社会的迫害を受けているのに、青い芝はCP者以外入れないというのは、それも差別ではないか」というようなことを、若さゆえの率直さで聞いた。このときどう説明されたかは忘れたが、そのとき以来、私は賛助会員のような資格で青い芝にも参加することになる。だがこの問題は、のちのちもずっとついてまわることになった。

青い芝もリボンも、障碍者の主体的な活動、というのが基本だった。だから、障碍者だけで会議をし、障碍者のペースで、障碍者の頭で考えられたことだけが、運動として実行された。これは今でも、非常に新しく画期的なことだったと思う。

なぜそういうことが大切かと言えば、障碍者は重度になればなるほど、社会的責任から外されて、一生を親の扶養のもとにすごすと思われてき

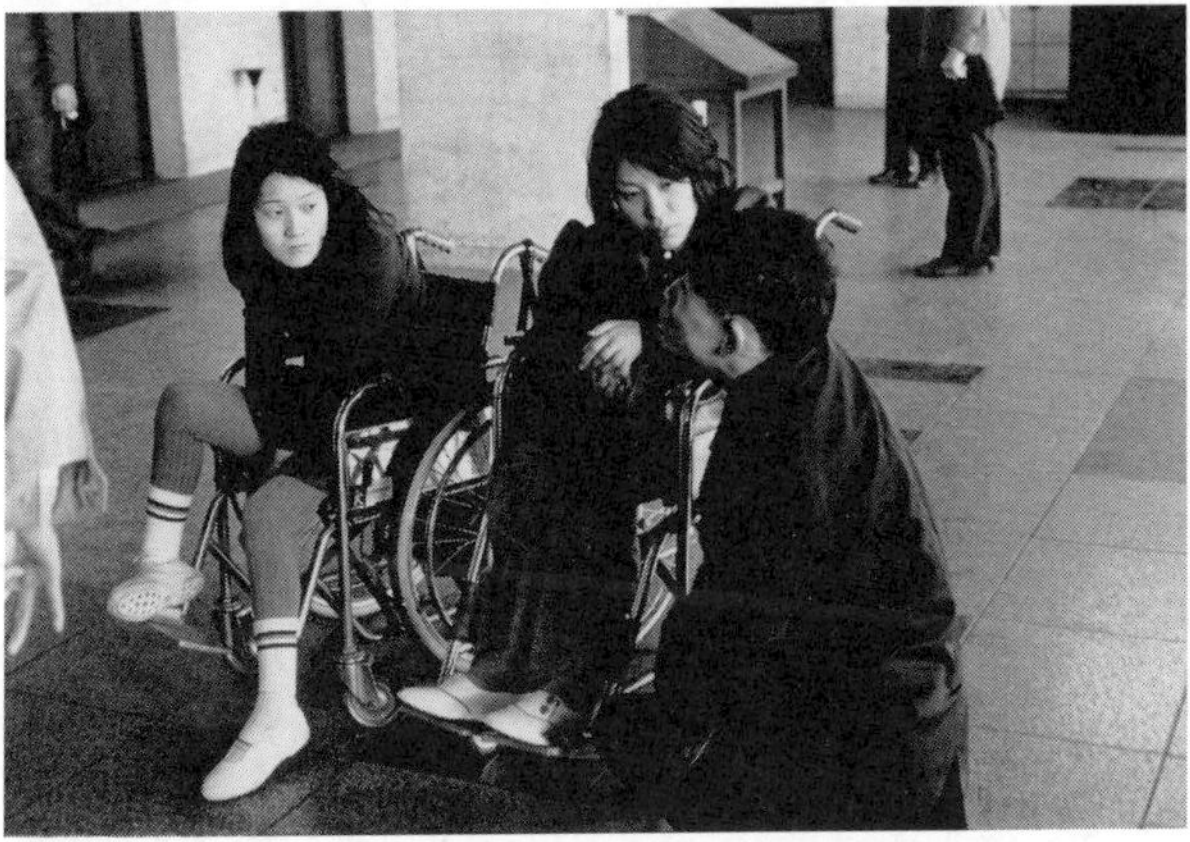

厚生省の坐り込みのとき。横塚さん（右）と。中央が著者。

た。だから障碍者はいくつになっても子ども扱いされる。それが障碍者の内面の心理にも影響していて、（そのころの私自身の中にもあったのだが）介護をしてもらわなければならないこともあって、つい、まわりの健常者の顔色を見て発言してしまったり、なかなか本音を言わないところがあるのだ。だから、私も含めてそのころの障碍者は、この運動の中で初めて、自分の主体や障碍者としての自覚を育てていったように思う。

そうなると当然、次には親からの自立が問題になってくる。

ほな、出ていくわ

障碍者はだいたい、健常者の家族の中で自分だけが障碍者である場合が多い。そして、親兄弟は良くも悪くも家族の中に障碍者がいることに「責任」を感じていて、心配のあまり、あるいは「身内の恥」意識から、障碍者を家に囲いこむ形になる。今はずいぶん変わってきたが特にそのころは、近所の手前、あるいは親戚の手前、障碍者を家から一歩も出さず、その存在をひた隠しにする家庭が多かった。その場合、一番の差別者は親だということになる。障碍者の自立解放運動の中で最も画期的だったのは、公然とその親からの自立を主張したことであった。親からの精神的な自立と、もっとそれを推し進めて、現実に親の家から離れて自立生活に入ることは、解放運動をしている者にとっては避けては通れない道であった。

その点では、青い芝の会は「障碍者は親から離れて家出しよう」と自立の勧めをしていて、障碍者の親の会などからは、不穏な思想を振りまくとして要チェックの団体だった。

私の親もはじめは、どこにも連れて行ってやれない負い目から、親に代わって外に連れ出してもらえるならいいことだ、と会の活動に行くことを奨励していたが、私の組織活動への参加が生半可なものではなく、会議で連日夜遅くなるとか、活動が毎日のように激しくなってくると、しだいに、そんなところには行くなと言いだした。

運動に入って一年ぐらい経ったころ、私が二十歳のときに、その問題はいきなり噴出してきた。私が珍しく家にいたある日、母親が、「最近は夜も帰りが遅いし、その活動をするようになっておまえは生意気になってきた。そこまで運動がいいのなら、その会に面倒をみてもらうか会を辞めるかどちらかにしろ」と急に言い出したのである。私は即座に「ほな、出ていくわ」とあっさり答えた。母は脅しのつもりだったのだろう。しかしそのころの私は、自分の中での運動の深まりと、家に帰れば上げ膳《ぜん》すえ膳で世話をされながら通信高校を続けることとの矛盾がしだいに大きくなってきていた。

運動に出会う前の落ち込みの中核をなしていた、「自分が高校へ行こうとしているのは、障碍者の中でエリートになりたいというくだらない野心にすぎないのではないか」という自分への問いかけは、運動と出会うことでも払拭されず、よけいに強くなってきていた。しかし、依然としてスクーリングには兄が連れていってくれている。その家族の犠牲に対する後ろめたさも手伝って、よけいに、私にとっての高校は、「家族の手前」という意味しかなくなっていた。そして、やはり運動を続ける中で、家の外に出たときの、「障碍者解放をうたっている自分」と、家に帰ったときの、「すべて家の人に自分のことをあずけ、頼っている自分」に矛盾を感じていた。

だから私は内心、〈障碍者運動を唱えるなら、このまま安穏《あんのん》と家族の庇護《ひご》に甘んじてはいられなくなるだろう。本当に運動と言うなら、生活を全部自分の責任でやっていきたい。ゴミを出すのも、何を食べるか決めるのも自分の責任でやる、地に足がついた生活。だったら遅かれ早かれ、自立は考えていかなければならなくなるだろう〉と思うようになっていった。

そんなところに母の言葉。私はこれはしめたとばかりに、さっそく事務所に電話をかけた。「親が、運動辞めるか家出ていくかどっちかにしろ、と言っていて、私としては自立したいんやけど」。若さゆえの血気盛んさは、何を言いだすかわからない。今になって思うと冷や汗ものだが、これが一年に及ぶ自立のドタバタ劇の、ほんのはじまりだった。

案の定、事務所には電話で、「今すぐなんてそんなん無理や。親とちゃんと話をつけてください」と、けんもほろろにいなされてしまった。めげない私は電話を切ると、「ほな、はよ帰ってきたらええねんやろ」と、母に言い返していた。私は幼いころから親と離れて育ったせいか、親は威厳があり、敬うべきもの、という朝鮮の儒教的精神の中で育てられたせいか、反抗期というものがなかった。そんな私が初めて親に反発したのだ。

母はまさか私の口から「ほな、出ていくわ」なんて言葉が飛び出すとは夢にも思っていなかったのだろう。私の言葉にショックを受けたらしく、そのあと家出を撤回したことなど聞いていないようで、しばらく茫然として背中を向けていた。その後ろ姿がとても小さく頼りなげに見え、〈私はもしかして、この一言で母親を越えたのかもしれない〉と感じた。

この一件があって以来、私は、親は今は一応収まってはいるが、一度運動への悪感情を抱いてしまった以上、また絶対に運動への参加をはばんでくるだろう、と思った。それですぐに運動の中で自分の自立問題を提起し、皆に一緒に考えてくれるよう求め、その結果、組織としても私の提案を受け止めようということになった。こうして「金さん自立連絡協議会」(縮めて「金連協」)が組織内に呼びかけられた。そして組織の各代表と私とで役割分担の確認をしながら、自立の具体化を進めていくことになった。

とにかく私の仕事は、まず親を説得することである。私が家を出ることについて、親の了解をとらねばならない。

母は、自立したいという私の言い分に対して、「障碍者の面倒をみるなんて、親兄弟でも大変なことだ。だが、おまえの面倒は長男夫婦が見るつもりでいるし、将来は安泰ではないか。不服がどこにある」。それに対して私が「障碍者が家にいるから家の者が面倒をみなければいけないというのは思い込みにすぎないし、それでは障碍者をいつまでも手のかかる子ども扱いし続けることになる。一人の人が犠牲的にずっと面倒をみるのではなくて、障碍者が生きていることに対して、いろんな人が関わるべきなんだ。障碍者自身が生きていく主体になって、まわりに呼びかけて介護を募るんだ」と言うと、母は、「他人におまえをあずけて、どこまで信用できるんだ。他人なんて一番信用できない」。これは親としての本音だろう。

包丁を振り上げた母

半年ぐらいが過ぎ、もうそろそろ何かことを起こさないと……という焦りが私にもまわりにも出てきたある日。私は親ともう一度、爆発するきっかけをつくろうと思った。そこで私はわざと、帰りが夜中の十二時近くになるように食べもの屋で粘り、おそるおそる家に帰った。送りのゴリラには、私を家の中に送り届けたらすぐに帰ってくれ、と言ってそこまでつきあってもらった。

母と私が住む家の二階は真っ暗で、いかにも、もう誰しも寝静まっているところに何しに帰ってきた、といった感じで、まさしく嵐の前の静けさだった。打ち合わせ通り、私を二階の広間に置くと、ゴリラはそそくさと帰っていった。

するとそれを待ち構えていたかのように、母の部屋のふすまがガバッと開けられ、母親が飛び出してきた。

とにかくすごい勢いで怒っている。私は予期していたとおりのことで、冷静である。朝鮮の親は、こういうときは刃物を持ち出し、「おまえを殺すか自分が死ぬか」と大立ちまわりを見せるというのは聞いていたが、私の親も例にもれず包丁を取りだし、そのとおりのセリフを朝鮮語で叫んだ。私はそのときもぜんぜん恐くなかった。刃物を持ち出しても私は逃げられないのだから、母の好きにするしかない。本当に殺すほど憎いのなら、そこまでして家出を止めなくてもいいものを、本当に愛して止まないからこその母の行動なのだ。〈本当に殺すことはあるまい〉。そう思った。そして振り上げた刃物も持って行き場がなく、もとに戻された。

そして母は、次に私に手を上げた。「こんなに言ってもわからんのか！」と背中をバンバン叩かれ、「もうこんな奴は出ていけ。二階から突き落としてやる」といって私の首ったまを引きずって階段のほうへ連れていこうとする。

私は、叩かれる手にも本当には力が入っていないのがわかるし、ズリズリ引きずられながら、〈ここまでして子の道を阻みたいこの人は、かわいそうな人なんだな〉と、ぼんやり思っていた。

ぜんぜんこたえない私に、母は力尽きたかのように手を離し、「もうおまえのことは知らん！　勝手に寝ろ」と吐き捨て、自分の部屋に引っ込んでいった。

まもなく兄嫁が下から上がってきて、「こんなときは、人が入るとよけいに収まりがつかなくなるから、顔を出さなかった」と言って、寝るしたくをしてくれた。私と兄嫁は非常に相性が良く、困ったときは友達感覚でいろいろと相談して、一緒に解決してきた。嫁に来ると決まったときから、面会や母のいないときの施設からの外泊など、私の面倒をみる心づもりで嫁いできてくれた人である。

次の日、私は兄に、自分が生きる道を探すためにも、私は運動の仲間たちと一緒に障碍者の自立生活をつくっていきたい。兄として私が家を出ることを承諾してほしい、と相談を持ちかけた。兄も、基本的にはおまえが生きる道なのだから、家を出るということに反対はできない。自分でよくよく考えたことならしかたないだろう、と理解を示してくれた。

また、母とのもう一度の話し合いも、昨日からのいきさつで、家を出る方向でいったん決着がつきかけていた。ところが、それがどう間違ったか学校の話になり、私が「もちろん高校は辞めるつもりだ」と言ったことで母は逆上し、介護のゴリラが迎えに来ても追い返し、そのまま軟禁状態になってしまったのだ。

私は弱ってしまった。母の逆上ぶりはすごく、唯一の連絡手段である電話線は切ってしまうわ、私がノートに向かっていると「どこに手紙を書く気だ」と言ってノートをビリビリに破られるわ、本当に手も足も出ない状態だった。

そういう状態で何日かが過ぎて、私は母の隙を見て事務所あてに手紙を書き、兄嫁に投函してきてくれるように頼んだ。その手紙は、〈この状態から抜け出すため、私を救出に来てほしい。ついては、母は病院に毎日治療に行くから、いなくなった合図をこちらでする。その隙に家に踏み込んで、私を連れ出してくれ。合図は、窓のベランダにある××色の植木ばちが、右から左に置き換えられたら、ということにしたい〉というものだった。

もう藁をも摑む気持ちで、これしか手がないという苦肉の策である。私はその作戦が成功するのを信じるばかりだった。

手紙もそろそろついただろうか、計画の実行にとりかからなければ、と思いはじめたころ、下の玄関にドヤドヤと人の気配がした。なにごと？　と思っているとそれは、ふだん一緒に行動している青い芝の役員のそうそうたるメンバーが、そろって家に訪ねてきたのだった。

初めて私が会合に行ったときにみんなをまとめていたAさんが、二階に上がって私の部屋に入るなり、開口一番、「何を考えて、連れ出せなんて言ってこれたんだ！」。

続けて、「考えが甘い。そんなことをすると、家族の者が警察に届けた場合、連れ出した健常者が誘拐罪でつかまることになる」「障碍者が自分の意志で家出したといっても、介護者が手を貸さなくては成立しないことに、障碍者が自分の責任でやったなんて言い分は通用しない。結局悪いのは健常者ということになって、健常者の責任しか問われない。そういうことがぜんぜんわかっていない」と、やつぎばやにまくしたてた。

私はすっかり動転してしまった。〈私は家で親と闘っている。それは運動をするうえでの社会的使命のようなもので、おおもとで事務所にいる組織のみんなともつながっていることだ。だからみんなわかってくれる〉と思い込んでいた私にとって、彼女たちの口から発せられる言葉は、まるで考えもしていなかったことだった。

いったい何をどう考えたらいいのか――私はただ途方にくれた。

そうこうしているうちに、ただならぬ気配を感じてか、母が出てきて「皆がここまでして来てくれるんならしかたがない。会合に出ていくことだけは許そう」ということになり、軟禁は解かれた。だが皆が引き上げていった後、取り残された私は、それまで親と闘っていた緊張の糸が、彼女たちによってぷっつりと切られたようで、ただ茫然とするばかりだった。

軟禁状態の私に対してもそんなことは言わなかった母が、「おまえ、大丈夫か?」「死ぬんとちがうか」と声をかけるほど、私の失意ぶりは激しかったようだ。

この事件は、状況に飲まれてしまって冷静にまわりを見ることができなかった私の大きな失態として運動史に残ることになり、「植木鉢事件」として後々までからかわれる恥となってしまった。

「生きていくのはおまえ自身だから」

高校卒業まであと半年というころだっただけに、「おまえが行きたいと言ったから行かせた高校なのに、卒業を目前にして辞めるとは許さん」という母の言い分も、まったくそのとおり。私は折れ、自立するのは高校を卒業するまで延ばすことにした。

最後の授業が終わると、卒業式にも出ず、逃げるように家を出ていったと、その後母が言っているとおり、そのときの私は家を出ることしか考えていなかった。自分の人生を開くためには自立生活で運動する以外ない、と思っていたのである。

家を出るとき母が私に渡した言葉は、家を出たいのなら、親は何も援助しない。いま使っている物は持って行ってもいいが、それ以外はいっさい何も持って行かせないからそう思え、というものだった。私は、それは当然で、そう言いきる親は偉いと思った。

家を出る日も間近になったある日、母が急にトツトツと話しだした。「おまえのやろうとしていることは、朝鮮が日本から独立しようとして、独立運動をしたのと同じ意味がある」「おまえがおまえとして生きるために、親も捨てていこうとするのは、おまえの立場とすれば当然のことだ。しかし、親がそれを止めたいというのも、また当然のことだ」「生きていくのはおまえ自身だから、結局はおまえの思うようにするしかないのだ」。自分自身に言い聞かせるかのように話す母の言葉には、さすがに私も胸がつまった。

やはり母親にはかなわない、と思った。なんだかんだといっても、私のやろうとしていることを一番理解しているすごさには恐れ入る。そして、私が家を出てもやりたいと思っている障碍者運動と、朝鮮独立運動とを同等にならべてくれたことが、内心、涙が出るほど嬉しかった。

事実、そのころの私の、自分の進む道への一点の曇りもない信念は、私がやろうとしていることは社会の大きな問題へとつながっているのだ、という確信に根ざしていた。そのためには少々の犠牲は顧みないし、やるべきことは明快に見えている。これからの生活を考えると、身のうちからふつふつと力がみなぎってくるのが感じられた。

卒業まであと数日を残すころ、私は家で、温かいものを食べ、熱いお茶を飲みながら、自立生活ではもう熱いお茶も飲めない、きれいに洗濯された物も着られないのだろう、とぼんやりと考えていた。
だがそれは悲壮感ではなく、初めて自分で生きる覚悟の清々しさであったのだ。

＊2 『ころび草 脳性麻痺者のある共同生活の生成と崩壊』（横田弘／自立社、仮面社／一九七五）
＊3 『母よ！殺すな』（横塚晃一／すずさわ書店／一九七五）
＊4 一九九六年法改正。

第五章

生きることのはじまり

学校のほうは赤点だらけで卒業は危ぶまれたが、先生から電話で、レポートを提出すればなんとか卒業させてやる、と言ってもらって一安心。この先生は私が入学するときも一人で英断を下してくれたそうだ。勉強では一貫して劣等生だったが、通信高校も、私がここまでこぎつけるプロセスに欠いてはならないものだった。

そして、私が二十一歳で高校を卒業した一九七五年三月のある日、とうとう家を出た。ゴリラの人に車を持ってきてもらい、少ない荷物を家から運んでもらう。自分の意志で家を出るからには、二度と戻ることはない、と心に誓っていたが、この日家を出るときは意外と平静で、家族との別れも、まるで旅行に出る人を見送るように、慌ただしくあっさりとすんだ。

初めての私の住みかは当時の青い芝の事務所の近くで、母たちが日本上陸の際初めて住んだ場所と同じ、阪急沿線の崇禅寺である。家は木造の二階で、なんと毎日、介護者が私をおぶって上がっていた。二間といっても片方は三角形の端部屋でほとんど使いものにならず、台所も部屋に少し出っ張りがある程度。簡単な流しとガス台があるだけで、風呂もなかった。

向かいが銭湯で、これも介護者がおぶって階段を上り下りして連れていくことになる。当時の私の体重は三十二キログラム。細くて軽いとはいっても、介護者もいろいろいるので、二階まで上げ下げできない人もいた。

今でもそうだが、障碍者が不動産屋に行ってもまともに相手にされず、そんなことにかかずりあうのは時間のロスだから「それより健常者名義で借りてしまえ（これも会議で分担がきまった）」ということで、このときは一度も自分で不動産屋まわりをしていない。それに当時の私にとって、ほとんど家は寝るだけのもの、活動が生活だと思っていたから、家でゆっくりするとかそこで生活をつくるという発想はなかった。

「いのちの初夜」

私が家で使っていた木の古い机と、施設を退院して家に戻ったときに買ってもらったスチールの引き出し。そのときに一緒に買ってくれたプラスチックのごみ箱。それに家で私が使っていた布団一組。――家出のときの条件通り、家で私が使っていた物だけを、それも必要最小限に持ちだしたので、何もない部屋だった。

　初めての一人暮らしの夜。

　その晩、介護者がどのようにして寝たのか覚えていない。三月といってもまだ寒く、特に寒がりの私は、冷えきったのと、これからの活動への興奮で、なかなか寝つけなかった。

　私は、家にいたときに読んだ、北条民雄の『いのちの初夜』[*5]という本を思い出していた。いのちの初夜――たしか癩《らい》（ハンセン病）と宣告されて、療養所へ入った初めての夜のことを、本の中でそう呼んでいたのだ。いわゆる一般社会から切り離された、異質で新しい世界のはじまりを、作者は、いま生まれたばかりの自分の生命のはじまりとしてとらえ、尊厳を持ってそういう言葉で表現したのだった。

　私も、施設とはまた違うが、これから立ちはだかるであろう貧しさや逆境を思い、それでも本当に生きるための命としての初めての夜なのだ、と思った。私が私として初めて産声を上げたといってもいいこの夜に、この冷えこみと貧しさはちょうどよくあっている。まさしくいのちの初夜だ。この夜は絶対にこのときしかない、かけがえのない夜だ、と神聖な気持ちにさえなり、冷たい足がやっと温かくなった夜明け、ようやく眠りについた。

二十四時間の介護

それからの私の活動にはすごいものがあった。それまでにも比較的軽度の障碍者が一人で暮らし、親や友人などに一日一回数時間来てもらうという例はあったが、私のような重度の身体障碍者が、肉親ではなく他人による二十四時間の介護体制に支えられて一般の社会で生活するというのは、もちろん一般的にも、運動にとってもほとんど前例がないことだった。また、このように、障碍者が親でもなく施設でもなく他人である介護者に支えられて一個の主体として生活することを、障碍者の「自立生活」というが、それもこのころ出てきた言葉で、私はその、言葉だけ先に一人歩きしていた「自立生活」を初めて実行に移した人間といって良かったのである。

とりたててそう言われもしなかったが、自立障碍者が誕生したことは、運動にとっても組織の格段の進歩につながったのではないだろうか。それまでは、介護組織のゴリラにしても、日常的に動けるメンバーはほとんどいなかった。毎日の私の介護はこのグループ・ゴリラが責任を持つことになっていたが、実際には人手がなく、結局はその日の介護者を探す責任者にあたるゴリラが何日も続けて会社を休んだり、あるいは大学を休んで介護に入ったり、という事態もひんぱんに起こり、当初は悲惨な状況であった。

そういうふうに同じ人が何日も続いて介護に入ると、入るほうは疲労困憊《こんぱい》してくる。そうすると、朝の約束の時間にだんだん遅れだす。介護の必要な障碍者にとって、介護の時間に遅れられるというのは、それまで何もできない（トイレにさえいけない）ということなので、致命的である。それに万一、介護者が遅れている間に火事でもあれば、自分で自分の身を守れない障碍者は焼け死ぬしかない。そういう意味では障碍者は介護者に命をあずけているのだ。

それなのに、運動を共にやっている仲間が介護に遅れてくる。健常者が自立障碍者を介護によって支えることで、健常者と障碍者が共に対等な主体として生きていけるような社会を目指す、といっても、これでは何をやっているのかわからないではないか――そう相手に迫ると、相手は謝るしかない。今度は絶対に気をつける、ということでその場は終わるが、また次の日、介護者が見つからないと同じ人が入ることになり、また介護の時間が遅れる、というのが繰り返される。

　自立障碍者の生活は、経済的には基本的に生活保護が頼りである。その他に障害年金がある（私は韓国籍なのでもらえない）が、この年金は収入とみなされて生活保護からさしひかれてしまう。現在ではそれ以外に介護者手当を出している自治体もあるが、今とは違ってそのころは、まだまだ福祉の保障制度も整っておらず、障碍者の福祉電話も認められていなかったため、電話もない生活だった。だから、介護者が遅れてもひたすら待つだけでなすすべもなく、遅れが一番ひどくなったときには、とうとう昼も過ぎて三時まで放置されたことがあった。そのときは、介護者はとうとう来ず、用事があってたまたま私のようすを見に来た健常者によって発見されたのだ。

　それがきっかけで、私は運動の一環として、行政に障碍者の福祉電話設置の交渉をすることになるのだが、この出来事は私に、ますます人間のエゴというものを実感させることとなった。ここで起こっていることは、私が施設で体験したことと根は同じである。苛酷な労働条件、あるいは何日も続く介護の中で人は疲労困憊し、そのツケは最終的に、抵抗できない障碍者にまわされる。人間のエゴとはそういうものなのだ。もともと青い芝は、障碍者差別は人間のエゴの問題、というのをその思想の基盤においており、青い芝の運動が私に響いたのもこのためである。先にも書いたように、人間の本質はエゴだということを、私は施設での生活で嫌というほど実感させられてきた。そしてまさに、青い芝はそこから考えようとしていたのである。それなのに、その運動の仲間が、同じことをする。

私は布団の中に寝かされたまま刻々と過ぎる時間の中で、その日来るはずだった介護者に対して、言葉でわからせることが不可能ならばどのように思い知らせればいいのか、と復讐に燃えていた。介護者にとっては、今日一日ぐらい……、のことであろう。だが障碍者にとって、いつまで待っても介護者がこない、ということがどういうことなのか。言ってわからなければ最終的には自分の死にざまを見せつけるしかないのではないか――自立早々のこの出来事は、一健常者との問題だけにとどまらず、障碍者と健常者の間に立ちはだかる、言葉など無力にするような深淵《しんえん》の深さ、広さを考えさせてくれるものになった。

そしてまた、私が自立して驚いたことは、在宅のときと自立してからでは、事務所の見え方がまるで変わってしまったことだった。それまでほんの一部しか知らなかったものを自分としてはすべてだと思っていた、と知ったときのショック。事務所で会議をして家に帰るだけの在宅の生活のころは、そこは単なる中継点ぐらいにしか思っていなかったのだが、しだいに、事務所がすべての中心として機能していて、そこのすべてを把握するのでなければ運動の全体がわかったことにならない、という現実に初めて直面したのだ。これはショックだった。そしてその驚きは同時に、すべてを把握するといっても重度障碍者の私にはしょせん限界がある、というのを思い知らされるのと等しいものがあった。

その苛立ちがどこから来るものか自分でもわからなかったが、とにかく私は、「いくら家を出ても私が重度であるかぎり、一生在宅であることには変わりがない」と、そこの主みたいな健常者に、その戸惑いの感情をぶつけた。この言葉は、珍しくその人の反発をかった。「あんたが在宅かどうかなんてどうでもいいことだ。そんなことを問題にして何になる」と。

しかし、私にとって、私には事務所の全容に触れられないということ、つまり運動を担っているはずの一般会員の知らないところで運動が動かされている部分があることを、裏切り行為のように感じたのだ（この問題は後にもっと大きな問題として噴出し、結局、青い芝を分裂に追い込むことになる)。事務所という中心に常に触れていなくては運動の全容がわからないのであれば、健常者の介護なしでは動けない重度身障者はどこまでいっても不利ではないか。それでは私たち重度身障者にはとうてい知ることのできない空間が絶対にできてしまう。私はたまたまその場に居合わすことができたために、そうした世界が別にあることを知ることができただけなのだ、そんな気がしてならなかった。

今、産まれ出た幸福

しかし、そんなことを考えたのも束の間、私は新しく知った事務所の生活にどんどん馴染んでいった。毎日、事務所で会議か、外で行政交渉か、在宅障碍者の家庭訪問か、といったスケジュールで、闘争を果敢にこなしていく。外回りに行くにもまず事務所により、終わった後、夜遅くても事務所により、その日あったことなどを集まってきた連中と喋って、外で遅い夕食を取り、家に帰って寝る。

在宅訪問というのは、まだ家に埋もれている障碍者を掘り起こすため、住所を書いた紙切れ一つを頼りに、家を訪ねていくのである。それを、一日三軒四軒五軒とこなしていく。運動の最も基本となる活動である。

障碍者の家庭の多くは、家に障碍者がいることをあまりよく思っていない。障碍者を抱えて途方にくれているが、他人には干渉されたくないし、人の手は借りない、家族でなんとかしていく、と思っている。そんなところへ、障碍者を探しに見ず知らずの人間がふいに訪れる。それも自分も障碍者である人間が。ここでふいに行くというのは、前もって電話などを入れると、必ずといっていいほど断られるからそうならざるを得ないだけで、べつにふいに訪れることが目的ではない。

そうやって探し当てても、本人に会わせてもらうだけでさえ、玄関先で押し問答になる。ひどい家族になると、「そんな者は家にはいない」としらをきられることもある。だがとにかく何十人という数を役員たちで分担し、何日までに回りきるという予定を立て、それをこなし、また会議で報告しあい、対策を立てるのだ。

私はとにかく、地図を見ながら人のうちを訪れるというのも初めてなら、車イスを毎日のように乗り回すというのも初めての体験である。それまでは車での送り迎えが普通で、もちろん家の中では車イスを使うスペースなどないので、車イスに乗ること自体があまりなかったのだ。電車に乗るようになったのも自立してからで、それまでは切符の買い方も知らなかった。だから初めて電車の色を見て路線名を言えたときは嬉しかった。

また、初めて電話で道順を聞いてそのとおりにイメージして地図を書けたときは、新鮮な感激があった。それまでは、「八百屋」と言われても、見たことがないのでわからない。郵便ポストも、絵とか知識としては知っていたし、見かけたことぐらいはあったのだろうが、意識を向けたことがなかったので（自分で手紙を出したことがない）、実体としては知らないに等しかった。

それが、自立して自分の責任において生活していく中で、自然とそういう物がリアリティーを持ったイメージとして頭に入ってくる。ある物が必要に応じて実体化される瞬間が自覚されるというのは、ちょっと普通では経験できないことだと思う。

まさしく、家を出、自立生活を選ぶことによって、世に初めて産まれ出たといえる。それも、無自覚な赤子としてではなく、意識をもってその一瞬一瞬を摑まえ、喜びと共に成長の糧とできるのだ。そのころの生活には、そういうまたとない機会を与えられた幸福感があった。

青い芝の先輩は、自立生活を「野垂れ死にの精神」と呼んだ。悲惨すぎる言葉のように聞こえるが、私は、障碍者の自立とは、やはりこの言葉に尽きるのではないかと思う。きれいに管理され、隠され、生きることを許されているだけの生活から飛び出し、自分の命の発露に忠実に、安全なんて顧みず、白日の下に命をさらすこと。これが本当の学びであり、生きていることだ、という確信。それは非常に危ういものだが、それだからこそよけいにその時期は、社会的使命感と大きな発見の連続に、毎日が刺激的で充実したものだった。

今でも私は、自分は自立してから産まれたようなもので、私の主体的な意識からすれば、その前の私の人生なんて数分でしかないような気がする。それだけ障碍者の人生は奪われているということなのだ。

そんな中で、私の自立に際して、私の映画を創ろうということになった。

もともと関西での青い芝の会というのは、『さようならCP』[*6]という映画の上映運動をきっかけにしてできたものである。上映運動の過程で関西にグループ・リボンができ、今度はそこが母体となって、「そよ風のように街に出よう」という運動を収録したフィルム『カニは横に歩く』を8ミリ映画で制作することで、関西にも青い芝の会ができたのだ。

そして今度は、私という自立障碍者が誕生することによって運動のプロパガンダのために『何色の世界』というタイトルの8ミリ映画が三カ月ぐらいかけて創られた。そのフィルムを持ってまた上映運動。それは障碍者が講演をして健常者がフィルムを回す、という形態で行なわれた。

ある日予定されていた障碍者が急にだめになり、私が急遽、ぶっつけ本番で講演をやらされることになった。その後には必ず観客との討論が行なわれる。私たちの主張に反発する意見も出される。差別する気はないという意見も出る。それらひとつひとつに、こちらの論理で返していく。そのようにして論破の腕を磨いていくのである。

知り合いの小学生の研究発表。

私は「立板に水」と言われるぐらい、反論に対しての論破には手厳しいものがあった。相手をぎゃふんと言わせたときの、一種の征服感に似た快感といったらこたえようがなかった。今まで溜めこんできた思いのたけを、論理に変え、説得力に変えていくのだ。私が初めて会合に参加したとき、見事な論理展開と説得力で私を驚かせた、ＣＰのＡさんのように。

そのうちに、大阪を拠点にして役員クラスの活動家が関西各地に移り住み、各県で青い芝の会の結成を進め、関西連合会が結成された。青い芝の急成長ぶりには目を見張るものがあった。そして、私が自立して一年目ぐらいのとき、一つの大きな闘争が組まれたのだ。

障碍者のバリケード

関西のある県で、施設に入っていた青い芝の会員が鉄道自殺をするという事件が起こった。原因究明のために施設側に再三話し合いを申し入れても、相手は応じない。どうも、施設内で迫害されて行き場をなくしての行動らしく、彼の死に、障碍者を追い詰める施設政策の縮図を見るようだった。これをそのままにしてはおけない、施設に対し直接行動を取ろう、ということになり、坐り込みも辞さない覚悟で施設に話し合いを求めに行くことになった。だが、親や施設には評判の良くない青い芝運動だ。最悪の場合は、あることないこと流言蜚語《りゅうげんひご》を流されることも想定して、この闘争に対して理解を求めるために、その前にいっせいに在宅訪問を開始し、会員と話しこみに行く。

そしてとうとう、役員を中心にした参加者で施設へ向かうというその日になった。

私はこの日の、車で二時間ぐらいかけて抗議に向かうときの気持ちを忘れることはできない。心のうちには一かけらの迷いもなく、自分の前に道がまっすぐ一直線に引かれていて、どこへ向かっているかがはっきり見えている状態。ものすごい緊張感の中で、りんりんと勇気が湧いてくる。赤穂《あこう》浪士も討ち入りするときにはこんな気分だったのだろうか、という感じだった。

その施設に皆の車が横付けにされた。総勢二十人はいたと思う。誰かが先頭に立ち、事務室に向かう。なかなか責任者が出てこず、あっちこっちをうろうろと探しまわるが、どうもらちがあかない。

業を煮やして全員で事務室へ入り、私たちは口々に怒りの言葉を吐き出した。するとどうしたことか、広い事務室の中で働いていた人たちが次々に事務室の外に出ていき、私たちだけになったのだ。

すると、歩ける者の中から、大急ぎで事務室にあるイスや机を引っ張りだし、いま職員が出ていったドアにどんどんと重ねていって衝立《ついたて》にしだす者が現われた。施設時代に学園紛争をテレビで見て、学生の立場に立ってやんややんやと喝采をおくってはいたものの、しょせんは遠い世界と思っていたあの有名なバリケードというものがこうもたやすくつくられるというのを、私は新鮮な驚きで眺めていた。私たちは事務室を占拠することに成功したのである。

こうして、日本初の、障碍者による占拠闘争が始められた。

私たちは、ふだん私たちを管理している障碍者を収容する施設の事務室が私たちの解放区になったとばかりに、やりたいことをやりまくった。管理のファイルはびりびりに破り、引き出しという引き出しはみんな抜き出し、事務室内を荒れ放題にした。動ける者は動けるなりに、動けない者は動けないなりに、施設や養護学校という、私たちの前に立ちはだかる管理収容政策に直接牙をむく思いだった。

もちろん、これは障碍者だけで行なわれた。一人でも健常者がいればこの闘争はだいなしである。健常者が扇動していて障碍者は操られている、としか見ない世論に足元をすくわれるからだ。第一、青い芝では健常者はふだんから介護をやり切るだけという立場だから、障碍者の行動には関係ないのである。

もちろんバリケードを張っているので外には出られない。私たち重度障碍者は動けないので、排泄だってそのまま垂れ流しを覚悟である。まわりは大騒ぎで、とうとう機動隊が出動しだした。はっきり言って、中にいるのは障碍者ばかり、バリケードといっても隙だらけ。踏み込もうと思えばいつでも踏み込める状態である。

私は考えた。〈軽度の者ならまだ、排除されるときに機動隊に殴りかかることぐらいはできるだろう。しかし、私のような重度障碍者は、相手に何のダメージを与えることもできず、すんなり連れ去られるのがおちだ。少しでも抵抗を示したい〉。見回すと事務室の中に針金があるのが目にとまった。〈これで、机の脚に自分の首を縛りつければ、それを外すのに時間がかかり、少しでも長く床に坐ったままこの場に留まっていられる〉。軽度の仲間にその旨を伝え、机の脚に自分の首を針金で縛りつけてもらった。他の何人かの重度身障者も、同じように縛ってくれ、と言い出した。そしてその位置で垂れ流しである。

健常者たちは外に待機していて、おにぎりとか食事を差し入れる。機動隊も差し入れは拒否せず、受け取って小さな受付窓から中に差し入れてくれる。

夜中にさしかかってくると、何か歌でも歌おうということになり、誰かが歌いだした。いろいろ出た中で、当時流行っていた『およげ！たいやきくん』という歌が一番私たちの気持ちにぴったりきて、それが事務室占拠のテーマソングとなった。

まいにち　まいにち　ぼくらは　てっぱんの　うえで　やかれて
いやになっちゃうよ　あるあさ　ぼくは　みせのおじさんと　けん
かして　うみに　にげこんだのさ　はじめて　およいだ　うみのそ
こ　とっても　きもちが　いいもんだ　おなかの　アンコが　おも
いけど　うみは　ひろいぜ　こころがはずむ（オーッ）。

こんな調子で続き、最後はエサと間違えて釣り人の針に引っかかる、という落ちだ。「まいにち　まいにち……」というところが施設での私たちの状況にぴったりなのと、しょせん負け戦に挑んでいる自分たち、そして、自殺という方法でしか自分の存在を示せなかった彼に対してのはなむけに、コミカルな中にも哀愁の漂うこの歌を、本当に何度も繰り返し、みんなと合唱したのだった。

　機動隊もさすがに、この障碍者ばかりの奇妙な集団にはそう簡単に手出しができないらしく、私たちが思っていた以上に、この籠城は長くもった。

　占拠して二十四時間が過ぎたころか、それよりもっと経ったころだったろうか、事務室の窓を破っていっせいに機動隊が侵入してきた。それも毛布を持って。三人一組ぐらいになって、毛布で優しく包んであげるといったふうに「今、助けたる。今、助けたる」と言いながら、窓ガラスを破って入ってきたのである。やはり一番の難物は、重度障碍者が首に巻きつけた針金だったらしく、道具を持ってきて、切るのにかなり手間取っていたようだった。

　毛布に包まれ、四人の機動隊員がその端を持つ形で運び去られていくときにはさすがに情けなかった。しかしすぐ、〈でも機動隊のやつらの汚い手で触られるよりましだ〉、と思うことにした。しかし、どう思おうが実際にはこれは惨めなものである。

そして、護送車だったか普通のバスだったかは忘れたが、大きな車に乗せられ、連れていかれたところは——なんと、青い芝の事務所だった。

これにはみんな驚いてしまった。仮にも施設の事務室を占拠する、という大事件を起こし、曲がりなりにも法に触れることをやっているのである。まぁ、だいたいは予想がついていたものの、実際にそうされるとショックだった。機動隊に送り届けてもらうなんて、障碍者は何やっても許されるのだ。しょせん世の中の責任の外なのである。事務所に着いても、待機していた健常者に、「機動隊に送ってもらうなんて情けない」と皮肉られるし、改めて障碍者がいかにまともに扱われていないかを思い知らされた気がした。

重度の障碍者だと、取り調べられるのにも、留置所に入れられるのにも、介護がいる。警察官が介護をしてまで取り調べをするのでは、取り調べにならない。重度の障碍者を法で罰しようとすれば、よけい手がかかるのである。それとやはり、何かあったときの責任問題を考えたのだろう。取り調べ中にもしものことでもあれば、どう転んでも、世間の同情は障碍者のほうに向けられる。要するに、社会は障碍者に責任を取ることを求めていないのだ。どこかに優しく隔離しておけばいい——そういう意味では、施設での生活をめぐって起こったこの事件も、私たちが取った抗議の結果も、根は同じなのである。

このような事件を経て、いわゆる過激といわれた青い芝の直接行動の火は、全国に広まることになる。

このような活動の中でCP者たちと一緒に行動をしていると、いろいろ「へえ」と思うことがあった。あの歩けるCPのAさんなどは、「こちとらは、頭の先から爪の先までCPじゃ」とか、「CPは言語障碍ではなくCP語を喋っているんだ」とかよく言っていた。そしてまた、CPは自分では、みんなと同じように喋っているつもりでいるという。それなのにまわりはきつい言語障碍があるとしかみない。それほどCPが一般の人たちと現実を共有するのは難しいのだ。

また私たちは、小さな子どもがするような取っ組みあいが好きで、会議の後などは必ずといっていいぐらい、最後は取っ組みあいのじゃれあいになる。それが高じて、私などはポリオで普通に喋れるというので、いじめすれすれまでやられたことが何度かある。ある飲み会のときなどは、頭にマヨネーズ・醬油・塩・コショウ……卓上にある調味料を手当たりしだいにかけられて、「この頭が悪い」と髪の毛をぐちゃぐちゃにかき回され、ひどいことになったこともある。

私はCP者ではないが、運動の中の位置づけとしては、CP者の中心メンバーと同じく、全体の方針を出し、統率する側にいた。行政交渉など、相手の出方や全体の持っていきかたを考え、思い通りの成果が出たときの面白さ、達成感といったらなかった。自分で言うのもなんだが、方針を立てるにしても先を見通すことができるし、アイディアもある。議論にも負けない。私はCP者の運動の中で、いつのまにか重要な位置を占めるようになっていた。しかしCPではないからけっして役員にはなれない、といったペナルティー付きで。

こうして会の中心となって動く中で、いろいろな闘争が組まれた。坐り込みも何回かあった。自立障碍者もたくさん増えた。青い芝は、大阪に事務所が四つもできるほどの急成長ぶりだった。関西連合会をつくったメンバーや大阪のメンバーたちは今度は、まだ青い芝のない九州・中国地方に、組織作りのために移り住み、青い芝の組織を全国につくるため飛び散っていった。CPではない私は、豊中市の仕事の担当となり、引っ越すことになる。私は気乗りしなかったが、豊中市にある服部《はっとり》を選んで移り住むことになった。

翳《かげ》り

服部での生活には、あまりいい印象がない。新しく借りた家も、空き地の多い、寂しいドン詰りのところにぽつんと建った文化住宅（関西では木造の二間、台所付きをこう呼ぶ）で、やはり風呂はなかった。私はここで二十三〜二十六歳ぐらいの時期をすごすことになるが、服部での生活はすべてこの借家の印象に象徴されている。

急激に発展していく組織には、個人を顧みている余裕などない。しかし、それでも目の前にある活動に邁進する日々は、活気にあふれていることには変わりなかった。

そんなある日、長く活動している軽度障碍者の女性活動家が妊娠した。彼女は子どもを一人で産み育てる、と言いはった。しかし、世間はまだ障碍者が結婚しないで自分の意志で子どもを産み育てることなんて認めない。そんなことをすると今までやってきた運動がつぶれる、という強固な反対が健常者から出され、彼女は子どもの父親と籍を入れ結婚すべきだ、ということになり、そのようになった。

私は釈然としなかった。しかし、本人が納得するならそれでいいだろうとも思った。

関東青い芝の先輩たちの中には子どものいるカップルも多く、そのころの記録の中には、CP者が子どもを産み育てることについて触れた文章もある。

そのころ印象に残っている言葉に、「CP者に健常児が産まれてくることが一番の不幸である」というのがある。CP者の独特のペースをとうてい理解できない健常児として産まれれば、子どもは健常者の目で親を差別していく。自らの血肉を分けながらも自らの存在を否定する健常児、自分たちとは生きるペースが違う健常児を産み育てなければならないところに、CP者の最大の不幸がある――と例によって哲学的な彼ら独特の理論が展開された。

彼女の出産もその影響を受け、仲間のCP者や介護者たちの対応にはなかなかすごいものがあった。彼らは、彼女たち母子《おやこ》に対する健常者の介護のしかたについて、非常に神経を使っていた。たとえば、健常者は赤ん坊をあまり抱かないように、というのがあった。それは、CP者のペースで抱きかかえられるより健常者のペースで抱かれるほうが赤ん坊もぐあいがいいから、赤ん坊が親であるCP者を避けるようになる、というのである。そのへんになると、もう私の理解を超えた話だった。

こうして私の日常の活動は、豊中を中心に流れていくことになるのだが、私がどういう役割を担っていたかと言えば、「金さんにちょっと話を聞いてきな」と事務所からまわされて来る介護者に対して、「障碍者問題とは、寝たきり重度障碍者を基本として……」という障碍者問題の基本から説き起こして、障碍者運動の核心に迫り、その方向性を示唆する。つまり論理でまず相手を納得させる役であった。その他、健常者をオルグしたり、健常者と議論を交わすことであったりと、いずれにしても健常者に対する理論構築の支柱としての役割である。その一方で、「金さんは、CPとは違うから」とか「金さんにはカリスマ性があるから」と陰で言われていた。

私はこの「カリスマ性」という言葉にいつしか恐怖感を覚えるようになっていた。そういわれるときには、必ずといっていいほどいい意味は含まれていなかった。そこには、意味もなく人心を惑わす、とか、どこか宗教的、といった嫌な響きがあった。

それでも、自分はCP者ではなく、健常者と同じように喋れるということでは健常者的部分を色濃く持っているのだ。それを考えれば、その言葉を甘んじて受けねばならない、と思っていた。しかし一方で、私はボタンを押すと喋りだすお喋り人形のようだ、とやや自嘲気味になりつつあったことはたしかである。

そんな中で、運動の中で妊娠する健常者も出てきた。運動組織として私設保育所も設立された。組織にまた新しい展開が必要となってきたようだった。

分裂

なんとはなく組織内がざわつきだしてきたのは感じていた。

そんなある日、事務所を震撼させる出来事が起こった。

私が初めて会に出たときのリーダーである、全体を率いていたＣＰのＡさんが、「今まで障碍者自身の運動といいながら、実は健常者に動かされていたのだ」と言って、事務所の内幕を暴露したのだ。事務所の主のような健常者に「自分は動かされていて、彼が組織の運動方針も立てていた」と。事務所は揺れに揺れた。

この揺れを抱えたまま、一九七七年四月二十二日、大きい闘争も組まれた。全国的にも波紋を投げかけた、いわゆる「障碍者による市バスジャック事件」といわれている「川崎バス闘争」である。これは、車イスで市バスに乗ろうとした障碍者が乗車を拒否され、それでも乗りこんだところ、バスの運転手が運転を放棄してバスから降りてしまったという、神奈川県川崎市で起こった事件がきっかけだった。これに端を発して、全国の青い芝の会の会員が川崎に集まり、市バスに乗り込んで、結果的にはほとんどすべてのバスを占拠してしまうという事態に発展した。車イス一台乗りこむだけで、その県全体のバスが止まるという滑稽《こっけい》なことが、現実に起こったのである。

この闘争には私は実際には参加していない。大阪で留守番を命じられたのだ。後述するが、この全国的な取り組みからは、私はもう、CPではないという理由で外されていた。

また同じころ、大阪は大阪で、生活保護を受けていたある障碍者が死亡したのをきっかけに、その人に対する生前の取り扱いに対して区役所に抗議交渉を続けた末、坐り込みという事態になり、結局は区に謝罪させた、ということもあった。

そうこうしながらも、Aさんの発言をきっかけにした健常者との不協和音は広がる一方で、そんなある日、組織編成を変えることになったと発表された。

それにより、私のようなCP以外の障碍者たちはみんな首切りを命ぜられ、自分たちだけで独立するべきだということになった。その他いろいろと組織の改革をはかるため、大胆な方法が打ち出されていた。

私たちは途方にくれた。それでも、運動の主体のCP者がそう決めるのならしかたのないことであった。しばらく改革のために会議が持たれたりしていたが、また急遽（少なくとも、中心になっている事務所を離れている私にはそう映った）、今度は健常者組織を解散させる、という提案がAさんから出された。

これは組織の死活問題である。健常者からも障碍者からも「承服しかねる」と、非難囂々《ごうごう》である。

青い芝から首を切られた後、私は青い芝の中で活動していたCP以外の障碍者たちや、障碍が軽度で介護する側にまわれるためゴリラとして活動していた人たちと、新たな組織、「首から上は健常者」の障碍者集団「葦《あし》の会」というのをつくっていた。しかし、本体の青い芝のほうでは、これといった活動方針も決まらないまま、またもや健常者組織をつぶすか存続させるかの判断を迫られることになったのだ。

私にはまったく、なにがなんだかわからなかった。しかし、事態はどんどん進展していく。それも最悪なほうに。障碍者と健常者がまっぷたつに分かれ、加えて障碍者も二つにわれていた。

侃侃諤諤《かんかんがくがく》の議論だった。健常者組織をなくすなんてとんでもない、というのも私にはよくわかる。しかし、Aさんの言った、〈もちろん、健常者組織をなくすと、今まで在宅でいられた障碍者も施設に入れられるかもしれない。自立していた障碍者は、家に帰らなければならないかもしれない。だからこそよけいに、これまで自分たちのやって来た運動を考えなければならなくなる。それが健常者がいたからこそやってこれた運動なのかどうかを〉という言葉と、〈しょせん重度障碍者は介護の健常者に首根っこを摑まれているのだ〉という言葉が強くひっかかっていた。

どうも青い芝のCP者には極論的発想が多い。だが、一見とんでもない議論なのだが言いたいことはその奥にあり、それは自分で考えろ、といったその態度に、どうも私は惹きつけられるように思う。創ったものを壊してでないと見えないものがある、ほんとうの真実はその奥にしかない。――そう彼女は言っているように思えた。

そんな折、会議での雑談で、あるCP者から、「金さんは、健常者組織なんかなくても介護者はつくやろ」と言われた。私はそれまで、運動の中の自立以外は頭になかったので、それは意外な言葉だった。健常者組織を切り捨てるという提案がなされる中で、これは一人で自立生活がやっていけるかどうか自分に問われているのだ、自分はどう決断するのか、そのことで頭がいっぱいだった私は、友達のこのなにげない言葉で、そんなものなのか、と少し気が楽になった。

先の安全なんかわからない。それより、二つ道が用意されたら、安全なほうより、しんどそうなほうを選んでしまう。それがへそ曲がりな私の性格なのだ。だがなにより、筋を通して障碍者運動を考えると、それは健常者組織があるからできる運動であってはならないのである。障碍者の生きざま自体が問題なのだ。野垂れ死にの精神が、やはり原点なのだと思った。

一九七八年三月、兵庫「青い芝」、他の県より早くゴリラ解散を決定、断行。一九七八年の秋ごろ、私は結局、健常者組織をなくすほうを選び、それまでの組織から抜けることになる。しかし、この決断よりその後のほうが倍苦しかった。

組織解体

青い芝は自治体単位の組織なので、この時期、組織によっては健常者組織存続の判断を下したところもあるが、これによって青い芝の横のつながりも寸断される結果となり、事実、CP者自身の手によって、全国に勢力を拡大していた組織をばらばらに解体する、ということとなった。私は内心では、組織自体は解体しても、運動的なものの追求はそれぞれの個人の中でより必要とされていくはずだ、と思っていた。しかし、私の考えは甘かった。同時に、私の中から人に伝える言葉が消えた。

それまで私が使っていた運動言葉は、まず「私たち」からはじまり、その後に「寝たきり重度障碍者を基本において……」と続くのだが、その出だしから、もう「私たち」という言葉は使えない。「私たち」という複数形ではなく、「私」という一人称から始めなくてはならないのだ。

自分がそれまでいかに運動用語でいう「まだ解放されない障碍者総体」の代弁者としての言葉しか持っていなかったか、ということを思い知らされた。

それだけでなく、組織を離れるということは、それまで培ってきたすべてが通用しなくなるということだった。それは私にとって、もう私には人に何かを伝える資格などないということに等しかった。私は運動の中で初めて世の中に生まれ、言葉を持ち、障碍者であることを肯定的に確かめることができた。その運動を支えてきた組織を否定するということは、自分を支えてくれるすべての後ろ盾をなくすということだった。運動がなければ、組織がなければ、それほどまでに自分が無に帰する存在であったとは。私はそれを嫌というほど思い知らされたのだ。

私の中に〈組織は否定しても運動はできる。彼女たちもきっとまた何か始める〉という勝手な期待があったことはたしかだ。それを見事に打ち砕くかのように、私の頼みの綱だった、私に深い影響を与えたCPのAさんが、組織を否定した後すぐ、いまこそCP者の子づくりが必要なんだと言って家にこもり、子づくりにはげみだした。

組織を否定した障碍者たちの間で、子づくりに逃げ込むかのように出産ブームが起こりだしたのである。まわりは私には理解できない事態へと進んでいき、私はただ、なすすべもないまま、たたずんでいるだけだった。

「甘っちょろい幻想は持つな。そんなことは私たちには関係ない」。彼女たちから、そう言われているように思えた。自問自答の日々が続いた。ある意味では、すべての期待を裏切って、「世の正義や道理もしょせん健常者文化だ」と、自らの足跡をも破壊しつくして、皆の前から去っていった彼女たちはあっぱれといえるかもしれない。が、しかし、その行きつく先が子を産み育てることだとは。私には承服しかねるものがあった。

私は子どもを、自分の生きる方法としては使いたくない。それでは子どもは単なる逃げ道ではないか。子どもと自分の人生は基本的には別物だし、自分の生き方がはっきりした上でないと、私は子どもなんて産み育てるわけにはいかない。子どもを自分の人生の表現にするなんて、親が自分の人生を託すものとして子を産み、障碍児とわかればその夢が壊れ未来がないとする、あの、私たちが問題にしてきた親の差別性と、いったいどこが違うのか。私は絶対にそれだけはすまいと思った。

思えば、やはり子どもというのはくせもので、運動の中で初めて活動家の障碍者が妊娠したあたりから不穏な空気が流れ出したように思う。結婚しないで子どもを産み育てる、といった彼女を、運動を守るためだといって、むりやり入籍させてしまった。今にして考えるとそれもやはりAさんのいうように、障碍者自身の運動といいながら健常者の運動でしかなかったことの表われだったのかもしれない。

私には、あの時強引に入籍させた健常者の発想がわからない。世の中に通用している習わし、あるいは制度とか秩序といったものは、いったんその型にはまりだすと、際限なく個人を侵食してくると思っている。

普通はこういうものだ、まっとうな人ならそうする——では最初から「普通」ではない障碍者はどうすればいいのか。その型そのものがすでに健常者文化なのではないか。あるべき姿をあらかじめ決めてしまうこと、それが制度となって個人を管理しつくす。

なんだかんだといっても、その制度に乗っかって、するすると摩擦なく生きていけるのは健常者のほうだろう。とりわけ有利なのは、健常者の男であろう。ところが障碍者は、子育ても、パートナーと住むことも、今でも実際には困難である。ましてそのころは今よりもっと「考えられないこと」であり、結婚も子育ても、すべて運動として打ち出さなければばならない時代であった。プライバシーなどあってはいけない、障碍者は個人の生活など顧みず、ただひたすら運動をし続けなければならない、障碍者はそういう役割を演じさせられていたにすぎなかったのかもしれなかった。

彼女たちがいっせいに子育てを始めたのも、そうした運動のあり方への反動だったのかもしれない。それは依然として私には納得しかねるものではあったけれども。

運動を辞めた後も、さらに私の自問は続く。

障碍者の主体による運動といっていても現実はそんなものであったということか。

障碍者に独自性なんて本当にあるのか。

結局は健常者文化のほうが強かったということなのか。

障碍者と健常者の共同性なんてしょせんあり得ないのか。

そして、健常者にも障碍者にもある、「逃げ場としての子どもと家庭」への不信感。

私は、このことに関しても、立ち去る者と残された者の狭間に取り残された思いだった。この問題は私にとって大きな挫折感として尾を引き、その後も長いこと苦しむことになった。

そのとき私は二十四歳。二十一歳のときに家を出て運動に入ったとき、「今この世に産まれた」と感じたのと同時に〈いろいろなしがらみをこれから付けていくのだ、それが人生というものなんだ〉と、自分なりにまだ見ぬ人生に対する期待を抱いたことを思い出していた。

＊5　『いのちの初夜』（北条民雄／角川文庫／一九五五）
＊6　『さようならＣＰ』（監督・原一男／一九七二）

第六章

自分を頼りに

野垂れ死にの精神

それでも、自立生活を続けるのには介護者が必要である。それまでのゴリラによる介護は打ち切りになった。自分はゴリラを抜けはしないが、それとは別に個人として介護に入る、といってくれた健常者もいたが、現実には無理があり、続かなかった。また、「運動をしない金さんの介護はする意味がない」と言って去っていった健常者もいた。

このとき、今までいかに介護を、私たち障碍者のアジテーションによってもたせていたかに気づいた。アジれない障碍者、運動をしない障碍者は、健常者にとって価値がないのだ。だから介護に行く必要がない、ということなのだろう。

結局は、介護に行く行かないを選べるのは健常者で、私たち障碍者は、だまってそれを受け入れるしかないのだ。しかし、それならそれに徹しよう。それが、「重度障碍者は、しょせん健常者に首根っこを摑まれている」という、活動家のAさんが言った言葉に対する私なりの一つの答えだった。

話す言葉がなければ話すまい。それで去るなら去ればいい。自分の状態をありのまま露呈し、それで選んでもらうしかしかたがない。バカでも、賢くても、それがありのままの姿なら、どうせ逃げも隠れもできないのだ、それに徹して健常者に選んでもらおうではないか。

そう思ったとき、不思議なことに、青い芝の自立の精神、「野垂れ死にの精神」がより身近になった。

自立した当初、毎日遅れる介護者にメラメラと復讐の念を燃やしていたときには、介護の責任を取る存在として健常者組織があるのを前提とした上で、目の前にいる人間にどう思い知らせてやろうか、という感じだった。そのときの私の、〈死にざまをさらすしかない〉という思いも、一種の空想上のものであって、まだ余裕があった。しかし、今回は違う。

本当に介護が来ない日もあるかもしれないのだ。ただ自分一人、他に正当化できるものは何もなく、自分の生きざまをさらす。それで選んでもらうしかないのだ。

そのときに、私から介護者は絶対に切らない。切るなら介護者から切らせる、と決意した。あくまでも、あんたがたは切る立場なんだ、ということを突きつけたかった。どうせ「重度障碍者は、しょせん健常者に首根っこを摑まれている」と言われるのなら、そこまでやり切らなければしょうがない、と思った。

どんなに苦しくとも、毎日の介護者とのつきあいを続けていかなければ、重度障碍者は死ぬしかない。運動を離れようがどうしようが、介護者とのつきあいは厳然として「在る」のだ。

実際には、介護者が見つからなくてＳＯＳを出したのは一度だけだった。そのときは知り合いの、障碍児を持つお母さんに、「今、介護者がいないのだけれどなんとか来てもらえないだろうか」と電話をした。するとその人が健常児の娘に弁当を持たせてくれ、なんとか助かった。

そういうこともあったが、案ずるより産むが易し、とはよく言ったもので、覚悟していたような悲惨な状態にはならなくてすんだ。捨てる神あれば拾う神あり、という諺《ことわざ》も身にしみた。そのころの介護者としては、ゴリラのメンバーではないが介護には協力的だった人たちが小人数ではあるが残ってくれ、この移行期のどさくさを支えてくれた。この人たちのおかげで、そこからまた徐々に、介護者を増やしていくことができた。

このころもう一つ決心したことがある。それは、〈本当に何かしたいことが自分の中から湧き上がってくるまで何もすまい〉ということであった。気休めに何かに飛びつくことだけはすまい。今の自分の落ち込みとしっかり向き合うのだ。沈むところまで沈んだら、その後どうなるかが自然とわかる。それで二度と浮上してこなくともいいではないか。そのときは、自分とはそれだけのものだった、ということだ。そのときの気分は、深く静かに潜行す、という言葉がぴったりだった。

そして、介護は結果であって目的ではない。介護者を摑むために何かをするのではなく、それは自分の生き方の中でついてくるものだと思えた。単純なようでこの発見は、実は私にとって大きな転換だった。

だがとにかく、人のことをかまっている余裕は私にはなかった。介護者とぜんぜん会話しない日が何日も続いた。しゃべれなかったのだ。

警察が、なぜ……

そんな中で、自分がどんなに危なく、頼りない状態に置かれているかを改めて思い知らされるような出来事が起こった。ある日、帰宅するため、いつものように介護者に押されて、最寄りの駅から自分の家へ車イスで向かっていた。人気のない路地を曲がろうとしたとき、角にお巡《まわ》りが二人立っていた。なにげなくその横を通り過ぎようとしたとき、一人のお巡りがもう一人に「青い芝やで」と言うのが耳に飛び込んできた。

私は耳を疑った。そんなはずはない。いくら過激といわれた青い芝といっても、私はもう辞めたのだ。中心となって活動しているときでもこんな扱いはされたことがないのに、辞めた私がどうしてそんな言葉を聞かされなくてはいけないのか。

思いあたるのは、例の施設占拠の闘争の際、強制排除されるときに警察が顔写真をパチパチ撮っていたことだった。それにしても、それがこんなところまで行き渡るものか。私は背筋がぞーっとする思いだった。そして、いま自分が置かれている立場を考えたとき、その恐怖は二倍になった。

思い返してみれば、まだ運動をしていた時代、行政交渉などの際に、「文句があるなら施設へ行け」と、直接なり遠回しなりに言われたことがある。だがそのときは、そんなことができるわけがない、と現実味のない言葉として聞き流していた。だがそれは、運動があり、仲間がいるという安心からだったのだ。しかし今の私には何もない。生きていくための保障も、社会的に守ってくれるところも、何もない。私なぞは、それこそ権力の力で闇から闇へ葬ってしまおうと思えばチョロイ存在なんだ——言い知れぬ不安が私を襲った。

同じころ、警察が実家にも私のことを聞きに来た、と母親から聞かされた。

私も母も在日朝鮮人一般の例に漏れず警察が嫌いだ。在日朝鮮人は、日本の朝鮮に対する侵略の歴史を、高圧的で権力的な警察の上にみるからだ。そんな在日の母が、警察に私のことを聞かれて、「あの子は、日本の偉い学生さんたちの援助のおかげで、介護してもらって一人で生活してます。韓国では考えられませんよ。こういうふうに見ても、日本という国は良いところがありますね」と答えておいた、と報告してくれた。

この母の言葉には感慨深いものがあったが、このように孤立無援の状態で、自分の知らないところで人に見張られている、という感覚は、改めて自分の置かれている立場を、否応なく私に気づかせてくれた。

在日朝鮮人で、地域の片隅でひっそりと生きている、介護の必要な重度の障碍者。つまりそれは、いつ闇から闇へ葬られるかわからない立場なんだ、という恐怖。

たとえば、その日たまたま介護者がいなくて一人で家にいたとする。そこへ救急車でも来て、「さっ、病院へ行きましょう」と言って連れて行かれても、まわりがその人とつきあいがなく、ただ障碍者がいるとしか見ていなければ、どこかぐあいでも悪くなったんだろうと気にもしないだろう。また障碍者では物理的にも抵抗しようがないし、言語障碍でもあるとますます不利だ。

おまけに在日の立場は、日本の法律では守られていない存在なのだ。自分はなんと社会的に不安な位置に置かれているのか、という思いが、ひしひしと湧いてきた。組織運動の中での自立障碍者といっても名ばかりで、結局、地域には根差していなかったのだという現実。そして、障碍者が地域で自立する本当の意味と難しさを、改めて実感として知ったのである。私は、運動時代には味わわなかった、自立への言い知れぬ不安というものに、初めてさらされる思いだった。

私が私であることを求めて

こうして、とにかくそれまでのすべてがなくなったのである。私は、親の反対を押しきって自立をしたからには、たとえ野垂れ死んでも、親兄弟に面倒をみてもらうことはないだろうと思っていた。だから、そういう事態に陥っても、家に戻ろうとか、親兄弟に介護に来てもらおうか思ったことがない。実際には一日ぐらい、介護に駆けつけてもらうとか頼ったりしてもいいのだろうが、不思議と私の頭には、そういうときに親兄弟というのはぜんぜん浮かばないのだ。

だが、何も言わなくとも私の状況を親は親なりに察知していたようだ。以前より家に帰るようになっていた私に、運動のことを聞いてきたことがあった。私はつとめてなにげなく、辞めたのだと答えたが、あれだけ運動を目のかたきにしていた親がポロッと「運動はしたほうがいい」というようなことを言って、私を驚かせたのを覚えている。親としては、私の状況が心配だったのだろう。

気がすむまで落ちこむだけ落ちこむと、今度は暇になってくる。すると、今まで自分が生活をおろそかにしていたのがわかりだした。運動にとっては個人の生活など小さなことでしかなかったから。

そういえば、私は小さいときから、自分の好きな物がわからない子どもだった。たとえば赤いハンカチと青いハンカチを差し出されて、どちらがほしいか、とたずねられたりすると、決めかねてしまう。自分の心に聞いても、わからない。いったいその色にどう取っかかったらいいのか、途方にくれてしまうのである。

小さいころから親に赤系統の服ばかり着せられていて、嫌だと思っているが青を着る勇気もない。反発で青を着てみたりもするが、実はどっちが好きなのか自分でもわからないのだ。そして心の奥で実は、そういう自分に対し、非常な劣等感を感じていた。

だから今度は、かねてから自分がしたかったができなかったこと、本当に身体がやりたがっていることだけ、しようと思った。そして、好きな音楽のコンサートとか、映画や、ダンスとかの舞台ものに行きだした。思えば運動運動に明け暮れ、自分自身の世界を持つなんてご法度に近い生活だったといえる。現実的にも、車イスでは電車一つ乗るたびに喧嘩しなければ乗れない時代状況だったのだからしかたなかったといえるが。

そして一方に、例の警察の一件をきっかけにして感じ始めた、在日朝鮮人の障碍者としての私の自立生活がいかに危うい基盤の上に成り立っているかという強い危機感があった。そしてこの危機感が、地域というものを私に問い直すきっかけとなったのだ。孤立無援で障碍者が地域で自立生活をしているということはどういうことなのか。障碍者の自立生活とは何なのか。なぜそこに住んでいるのか。

私たちの生活の後ろにはいつでも施設が控えている。それが脅威でなくなるためには、地域に障碍者が生活しているのはあたりまえだと一般の人たちが思うようにならなければならない。だが今の状態では、一般市民にとって障碍者は異物でしかなく、それでは、何か困ったことがあればすぐ施設に入ればいいということになる。

これこそ差別の構造というものなのだが、仲間を失くした今、私はたった一人でそのことに曝《さら》されている思いがした。

自分の生活をつくらなければ。それも、こうだと決めてそれをやるだけではなく、同時にそれをまわりにわからせることもやっていかなければ。そうしなければ、私はすぐにでも地域から葬られてしまう立場なのだ。

そこで、駅で電車の乗り降りを手伝ってもらった人に、個人ビラを作って手渡すことにした。これが、私が一人になって初めて社会に対して発信したアプローチだった。ビラのタイトルも『私からのアプローチ』とした。

そして、私は街で「不良」をやりだした。大阪ではなかなかやりにくいので、当時同じように青い芝の組織解体によって運動を辞め、悶々としていた仲間を京都にたずねた。私は阪急沿線に住んでいたので京都には行きやすかったということもあり、言葉にならないやるせないものを、その連中とつるんでやがては大阪でも発散しだした。

私がやりたいことだけをやる。それも対外的に意義づけのできる運動や、社会的に意味のあることではなく、飲み歩いたり、ディスコに行って車イスで踊りまくったり、映画や舞台を鑑賞したりという「遊び」を。

このころは介護者との関係がしんどかった時期でもあった。喋ろうとしても言葉をなくした状況で、いくら喋らなくてもいいと思おうとしても、やはり二人で向き合わされることは気詰まりで、そこから逃げようとしていたのかもしれない。

「**帰りたいなら今すぐ帰れ！**」

あるとき、深夜までスナックで飲んでいると、介護者が、「こんなところは嫌だ。帰りたい」と言いだした。彼女のために断っておくが、彼女はただごねてみせる子どものような介護者ではなく、ちゃんとした大人であり、いつも私の遊びにある程度はつきあってくれる人（そういう人のときでないと、むちゃな遊びははじめからできない）だった。彼女も堪《たま》りかねて言いだしたのだろうが、そのとき、ある意味では私のほうが

街で「不良」をしていたころ。変装ディスコパーティーで。

溜まっていた。

そこで、その彼女の言葉に、気がつくと日ごろのうっぷんが一気に噴き出していた。「帰りたい？ あんた、甘えてるわ」。バチッ！ 思わず手で彼女の顔をひっぱたいていた。「帰りたかったら勝手に帰れ。あんたが帰ろうがどうしようが、私は、私のしたいようにする。帰りたいなら今すぐ帰れ！」。まわりがとりなしてくれて、ひとまずは収まったが、このことはふだんから、私の中で言いたくても言えない部分であった。

「重度障碍者は、介護者に首根っこを摑まれている」。Aさんの言葉が、心の中で鳴り響いていた。「自分のやりたいことだけをやる」と決めても、重度障碍者にはずっとついてまわる、他人である介護者との折りあい。どこまでいっても堂々巡りなのだが、私はそのとき、あることをどうしても必要としている者のエゴのほうが優先される、それしかしようがないではないか、と、ふっ切れた。彼女の言葉にやっと決着がついたのだ。

たとえば、この例でいうなら、介護者が本当に帰ることが必要なら、帰る他しかたあるまい。私は、それでも飲みたい、と思っているのだから残るだろう。現実には、そのときにそれを必要としている者の欲求のほうが勝つのだ。障碍者である、健常者であるとは関係なく。そのときの「自分」とやりたいことの必要性の度合いで、相手に譲ることもあるし、譲れないこともある。ただそれだけだ。このときから私はそう思えるようになった。

この、ただそれだけ、と思えるというのは私にとってすごいことだった。これは、それまでの運動とは大きく違った発想だ。障碍者と健常者という位置付けは関係ない。人は体系的な価値観に従って行動しているわけではない。そのときの実感や衝動のほうが大きいのだ。これは大きな発見であった。その後、芝居をやるようになって、より大きな目的のためには自分の欲求云々だけではすまないことがあることにも気がついていくのだが、このときの私にとっては、「そのときの欲求が大きいほうが勝つ」、そう考えることが必要だったのだ。

そしてその思いは、私の生活のしかたとしてその後に受け継がれていく。どう生きたいのか、自分はどうしたいか、そのうえで人とどうしたいか。個人にとってのそのときの必要度の高さによって、結果は自ずと運ばれるところへと運ばれる。そういう、いわば「自然のままに」という生活スタイルを、私は摑んだのである。

そしてそのころ、自分の中でなぜかしら、沖縄が気になりだしていた。

沖縄——再生への旅

一九七九年十二月。それまで住んでいたところが立ち退きになり、引っ越すこととなった。私にとっては何一つ良いことのなかった場所だった。心機一転、早くそこから抜け出したかった。新しい住居は、友人たちが住んでいるすぐ近所を選んだ。やはりこういう心細いときは、友人を頼りにするのが一番だ。

今度こそは自分自身で家を探したいと思っていたので、初めて自分で不動産屋をまわった。案ずるより産むが易しで、不動産屋五軒目ぐらいで、自分の希望通りのところを紹介してもらえた。今度の場所で、初めて風呂付きの家にした。

引越しと同時に私は、三カ月という長期の、沖縄の旅へと出発した。一九七九年も終わりに近い十二月二十九日に沖縄に着くよう、神戸港からフェリーで出発した。私が二十六歳になったところだった。

私の中で沖縄が浮上しだしたのがいつなのかは、はっきりしない。ただ、私は沖縄を訪ねることで、そのときの自分が置かれている状況、大きくいえば自分の社会的位置関係のようなものを、問い返したいと思っていたようだ。私の位置——それは、在日朝鮮人、つまり日本と韓国との中間に位置する存在であるということ。そして青い芝の混乱の中でも突きつけられた、自分が健常者と脳性マヒ者の間にいる、ということであった。

運動を辞め、私の中にはいろんな思いが錯綜していた。そのとき一番に意識にのぼったのが、私の「間性《あいだせい》」だ。

私は、寝たきりのような最重度でもなく、言語障碍もない。端的に言えば、CP者ではないのである。青い芝の運動理論で言えば、純粋に障碍者の存在を体現しているのは、まったく健常者からほど遠いCP者だけで、それ以外の障碍者は、健常者社会にとりこまれやすい、運動の足をひっぱりかねない障碍者だ、ということになる。そういう意味で私はハンパな障碍者なのだ。

だが私は、ポリオのわりには障碍が重く、たまたま最重度として生き残り、社会的にはどこにも当てはまらずにはね飛ばされてきた。私は健常者社会にも障碍者運動にも当てはまらない難しい位置にいるのだ。そのことを私は、運動の挫折の中で嫌というほど思い知らされた。そしてその思いは私を、もう一つの「間性」へとつなげないわけにはいかなかった。

それは、「在日朝鮮人」であるということである。私もそうだったが、日本に住む大半の在日朝鮮人は日本名を名乗らされている。そして、母国朝鮮・韓国との接点は断ち切られたまま、きちんと過去のことを教えられないままに、自分の出自を隠すことを、暗黙のうちに強制されているのだ。

自分は日本人ではない、と思いながら、日本語しか話せず、日本人のようにふるまい、日本の名前で呼ばれる。在日朝鮮人はまさしく、自己確立・アイデンティティの持てない状態に置かれているのである。

こういう自分のどの立場を考えても、ただのほほんと暮らしていくことはできない。何もしないのなら何もしないなりに、自分の生き方を決めなければならない。

私の中にはさまざまな問いが錯綜していた。私はたまたま運動と出会ったから自立生活できたのか？　これから本当の意味で自分で生きていくにはどうすればいいのか？——そうした問いを突きつめていく過程で、日本と朝鮮、CP者と健常者、どちらからも距離を持たざるを得ない自分の「間性」というものが、こだわりとして浮かびあがってきたのである。そしてそうした自分の状況と似た場所として、私は直観だけで沖縄を選び、そこを訪れることが、今の私には必要なのだと感じていた。

引越しの前の夏だった。偶然にもそのときちょうど、運動の中で少しだけ知りあった健常者の女の人二人が、私の家に泊まりに来た。その人たちも目標の中での一つの挫折があり、そのため家財を捨て、ワゴン車に乗せ切れる持ち物だけを持って、沖縄にしばらくアパートを借り、そこを基点に放浪の旅をするためにこれから旅立つという。話をするうちに、私もその彼女たちのアパートに転がりこんで、三ヵ月間だけ一緒に旅をしようということになった。まさに、本当に必要としているものは向こうのほうからやって来る、といった感じであった。運のいいことに、沖縄への旅がとんとん拍子に現実のものとなったのだ。

私も彼女たちも、対象は違っても、いったんは挫折してしまった共同や共生の理想を、生活の中で形を変えて試してみたい、と思っていた。その共通の思いがお互いを選ばせたというところがある。だからこそ、それまでの運動パターンの中では考えられなかった、生活を共にしながら一緒に旅をするという、いかにもハードそうなことに挑戦してみる気になったのだ。

そして期待通り、いやそれ以上に、沖縄は私にとって大きなものとなった。私の中には、できれば母国・韓国へ行きたい、という思いがあり、しかし一方で、そう簡単には行けない、という在日の複雑な思いがある。そういう私と韓国とをつなげるためにも、日本でありながら日本でない、独自の歴史を持ち、近年ではアメリカと日本の間で翻弄されてきた沖縄が必要だと思ったのだ。

行ってみると、私は沖縄の虜《とりこ》になってしまい、それ以降も三、四年続けて、多いときは年二回、平均でも一回は必ず沖縄へ行くようになった。離島の津々浦々《つつうらうら》までも行き、特に気に入ったのは、八重山《やえやま》諸島の西表島《いりおもて》と波照間《はてるま》島であった。

都会の、病院の中か施設の中でしか育ったことのない私にとって、自然とは、憧れてやまないが、障碍者は近づけないものであった。しかし、沖縄の自然はまだいたるところにあり、そして優しく受け入れてくれた。それは、私にとって生まれて初めて触れる自然だった。

そして、不思議なことに、現実の大阪を遠く離れ、異時間としての旅を続けていると、それまでの自分の内面が現われてくる夢を、毎日順番に見るようになった。

一番に出てきたのは運動の関係であった。まだまだ意識がそこに留まっていたということだろう。そして、次に出てきたのが施設の関係で、これはかなり何度も繰り返しでてきたので、それが自分に与えている影響の大きさに改めて驚いたものだ。そして、旅の最後にやっと、そのときの現実の夢を見るようになる。

すべてが旅の最後に帳尻が合うように、毎日鮮明な夢で、これによって私は自分の状態を洗い直しているように思った。不思議な体験だった。

彼女たちのアパートは、沖縄県の宜野湾《ぎのわん》市にあり、裏に米軍の基地があるところだった。そこを基点にして、たまに本島周辺の離島の島々に渡り、また帰ってくる。帰ってくるとボーッとしてすごし、天気のいい日などにはおぶってもらって屋上にあがり、敷物の上でみんなで拾ってきた貝を工作して手作りアクセサリーを作ったり、あるいは国際市場の奥にある、おばあたちが地べたに作物を広げたマーケットに出かけていって、毎日の食材を物色する。そうした、なにげない日々の生活と旅の繰り返し。それは、確実に私の内の何かを癒していった。

そして、八重山諸島の西表島に行ったとき、ある経験をした。それは本当にふとしたきっかけだった。マリユドゥの滝に行こうということになり、観光ボートで、ここから先は歩いていけ、というところまで乗りつけた。しかし、少し進むと、その先は車イスが動かない。しかたがないので、私は一人で待つから、二人で行っておいでよ、ということになり、私一人、車イスで取り残されることになった。

沖縄で（中央が著者）。

まわりはうっそうとしたジャングル。ふだんでも一人になるということはめったにない。それが、いきなり大自然の中である。こういう経験もめったにできないだろうと、負け惜しみ半分、恐さ半分で、まわりの景色を楽しむことにした。するとい目の前の大木に、アリがたくさん這い上っているのが目についた。するといろんなものが、目に飛び込んできだした。それをボーッと眺めていると、ふと私の頭をよぎる思いがあった。

それは、アリはアリでこれが世界だと思っている。大木は大木でこれが世界だと思っている。それぞれに、それぞれが世界だと思う、悠然とした営みがあるんだ——ということだった。それは、大木の世界にアリが含まれる、といった大小の関係ではなく、それぞれ独自の世界が、互いとは関係なく互いと絡み合って存在している、という宇宙観のようなものが閃いた瞬間だった。

私にとって、この閃きは大きかった。それまでとは見えるものが大きく変わり、すべてが宇宙に生かされた存在なんだ、という喜びが充満してくるようだった。すべてがそのままの存在として、すべてと楽に共存している心安らかな状態を初めて味わった。運動のごたごた三年目にして、やっとそこから這い出すことができそうな何かを、見つけたような気がした。自分自身の中から湧き上がってくる活力を、私はそのときたしかに感じた。

私にとってこのときの沖縄は、夢によって癒され、自然と宇宙との繋がりまで感じさせてくれたものとなった。そしてこれは、私が今、「態変」の芝居の中で表現しようとしている、破壊・浄化・再生という宇宙観との初めての出会いでもあった。

そして、沖縄・奄美で新しいたくさんの友達ができることで、自然に触れる車イスでのサバイバル旅行に、すっかり自信がついてしまった。

その後、最初の韓国行きも実現している。それは、自分が「在日」であることを改めて強く思い知らされたと同時に、母国・韓国での障碍者の生活をまのあたりにして、自分がこういう生活ができるのも「経済大国日本」に支えられてのことなのかと自問したり、思った以上にしんどい旅だった。とてもそのすべてをここに書き記すことはできない。

だが、自分の「間性」を確かめるための、この沖縄への旅と、母国・韓国への旅とを通して、私が何かたしかなものを摑み取ったのはたしかなことだ。

これらの旅の中で、私の中の何かが、動きだしていた。

第七章

劇団「態変」旗揚げす

「国際障害者年」って何だ？

沖縄での最初の滞在の予定がちょっと延びて、翌年の一九八〇年四月九日に私は大阪に帰り、新しい住居での生活がはじまった。そして、同じ年の十月、地域新聞と銘打ち、『目座視《めざし》』という名前の個人誌を発行しはじめた。

これは、組織から離れて初めて一人で出した『私からのアプローチ』というビラの発展版で、新しい生活に入るときは、もう一度地域にしっかり根ざすことからやりたい、という反省からつくり出したものだ。

『目座視』という名前は、坐っている私の視点から見えること、という意味と、庶民的な食べ物の「めざし」を掛け合わせた造語である。障碍者の自立生活に対する一般の人たちへの啓蒙、という意味あいを第一においており、1号では私の生活を紹介している。1号2号は、介護の人による手書き・手刷りで、3号からも手書きは変わらず、ただ印刷は、介護の人が勤める印刷屋で原価で刷ってもらって……というぐあいに、一年に一号のペースというゆっくりさで、わずか4号までであったが、住んでいた町の駅で、無料配布した。

自分の家のまわりには、一軒ずつ入れてまわった。うれしいことに、2号3号となると、「いつも入れてもらっているので」と代金を聞かれ、無料なんです、と答えると、その代わりに、とカンパをくれるところが出てきたり、また、反響の手紙が届けられたりと、出したものが読まれているという手応えが返ってきた。今から考えてもなかなかこの『目座視』は良い出来だったと思う。

　そして、一九八一年。政府は、「国際障害者年」という、わけのわからないものを打ち出してきた。私たち障碍者仲間は、「そんなもの関係ないで」と話していたが、世間ではどうも違うようだ、というのをしだいに感じだした。

　たとえば駅の階段では一般の乗客に頼んで車イスを抱えてもらうのだが、そのとき、今まではほとんどの人たちが黙って手伝って去っていったのに、「今年は障害者年ですね」と声をかけられるということに何度か出くわし、私たちにとってはたいしたものではないと思えても、一般の人にとっては声一つでもかけやすいものなのだ、ということがわかりだした。

　しかし一方で、「国際障害者年」というもので振りまかれているイメージといえば、パラリンピック（障碍者のオリンピック）の選手よろしく、車イスの障碍者が、ボールさばき鮮やかにバスケットのシュートを決め、「僕も、頑張ってます」という字幕と、最後に「政府広報」と出るテレビ・コマーシャル。それと、機械に向かって作業にはげむ姿を大写しにし、「僕も、働いてます」「政府広報」と出るコマーシャルと、いずれにしても、上半身は健常な中途障碍者（生まれつきではなく、事故などで障碍を負った人）が頑張る姿の美しさを強調するといったステレオタイプなものばかりだった。

冗談じゃない。「国際障害者年」というのは一般の人たちがコミュニケーションを取ってくるきっかけにはいいかもしれないが、肝心の、主人公である障碍者に関して振りまかれているイメージが、あまりにも一面的すぎる。どうしてそんなに障碍者が、清く正しく美しく、なければいけないいんだ！

「国際障害者年」なんてブッ飛ばせ！

運動を辞めてから培ってきた不良精神と、沖縄でもらったパワーを全開にして、そろそろ世間に毒づきたくなってきていた。

そこで、その年の三月、同じ境遇にいた京都の仲間たちに声をかけ、『国際障害者年をブッ飛ばせ！'81』というイベントを、京都でしようということになった。場所は京都大学の西部講堂、加えて、毎年行なわれている京大の十一月祭に他の教室を借りて、連続企画でお祭り騒ぎをやらかそうというのである。

資金はみんなで出しあい、純粋に私たち障碍者が楽しめる空間作りをしようと思った。そこでメインに、西部講堂で障碍者を中心に、ノリにノレるパンク・ロックを中心としたコンサートを持って来ることにした。

その中で私は、一つの試みをしたかったのだ。それは、それまでコンサートなどに行って感じていたことに由来していた。

障碍者が一般のコンサート会場に入れば、障碍者はまずその人一人だろう。そのときに感じるまわりとの違和感。第一、ちゃんとお金を出してチケットを買っているにもかかわらず、車イスでも安心して見られるという保証というものがない。車イスでそういう会場に来ること自体、異物なのである。たまには車イスであるがゆえに非常に見やすい位置に案内されることもあるが、逆に、非常にいい席のチケットをもっていても、隅の、柱がじゃまになってしかたがない位置を指定される場合もある。そして、おおぜいの健常者の中に入っていくとき、こちらはたった一人なのに生じる空間の歪み。波動の歪み、とでもいえばいいのか、「異物」が立てるさざなみ――それは本人にとってではもちろんあり得ないわけで、まわりがついそう反応してしまうということなのだ。

だがそれなら、いっそそれを逆手に取ることはできないだろうか?

逆の見方をすると、まわりに対する影響力という点からいえば、私たち障碍者は、存在自体がその場の雰囲気を変えてしまうほどの強い力を持っているといえる。それなら、おおぜいの障碍者が健常者と一緒に楽しむ空間を創れば、すごいものになるのではないか。

ここではむしろ、障碍者をコンサートホールの中心に置き、その、ある数以上の障碍者の一群が、ノリにノル。そうすれば、まわりにいる健常者たちはシラケるか、逆にふだんはシラケぎみの人も思わず引き込まれるか、そのどちらかになるだろう。――いったいそのどちらにころぶだろうか。私はそれを試してみたかったのである。

結果はどうだったか？　私が書いた『目座視』3号からその記事を転載してみよう。

『ほんなら「国際障害者年をブッ飛ばせ！ '81」て何やねン』

自分たちのやりたいことをやりたいようにやろう、といった障害者の自己表現の場としての意味と、そこから出たものが障害者だけに止まらずに、全体に波及していくイメージ。たとえば「ブッ飛ばせ！」という言葉も単に「国際障害者年」だけではなく、いろんな人のけったクソ悪さや、うっぷんを重ねて、他に広がっていく言葉としてあります。

まずは、企画をパート1とパート2の連続企画にし、パート1に「ブッ飛ばせ！　コンサート」をやりました。これは既存のバンド(白竜、喜納昌吉&チャンプルーズ、水玉消防団、洪栄雄《ホンヨンウン》、その他)に出演を依頼し、とにかく、障害者がのれるコンサートにしよう、と、場所を京大の西部講堂にし、ステージを下におろし、車イスでも見えやすくするため一番前に陣取ることにしました。

パート2は「ブッ飛ばせ市」として、京大の大学祭の中で教室を二つ借り、四日間、障害者の創った作品（絵、ししゅう、小物、レザークラフト）の展示と、自分たちで創った、障害者の置かれている現実が象徴されている、親子心中を問題にした劇『心中親子』。それとバザー、ミニコンサート、朝鮮料理とタコ焼きの模擬店、など自分たちで実際に（自己表現として）何かやる場としました。

〔そこで何が起こったか!?〕

「ブッコン（ブッ飛ばせコンサートのこと）」のほうは、当日間近になって、一般参加者の呼び水だった、白竜、喜納昌吉が出演不可能になり、あわてふためく一幕もありましたが、当日はそのぶんよけいにコンサートを盛り上げようという雰囲気に好転してよかったです。2時開場のはずが、1時くらいから人がぞくぞくと集まりだし、予想をはるかに上まわる参加者数にふくれあがったために、開演が3時半に遅れてしまう、という出だしではじまりました。四〇〇人を越える参加者で、後ろは立ち見でびっしり。一升びんをふりまわしながら、喜納昌吉の代わりに沖縄民謡を唄いに、三線をひっさげて来てくれた大阪在住の沖縄の人たちや、吹きたいといってフルートを持ってきた人に飛び入りでステージに出てもらったりで、会場は、二〇台を越える車イスを中心として、みんな所狭しと踊りに踊りまくり、すごい熱気の大空間が展開されました。やはり西部講堂でしたのは成功!

パート2のほうは、コンサートから一週間もしないではじまったのと、コンサートの準備に精力を使い果たした感もあり、本当なら一番精力を使わなければならない劇がおろそかになってしまったのにはやはり後悔が残ります。

しかし、四日間あえぎあえぎながらも、バザーの売れゆきも良く、何とか無事終えました。

〔私の思ったこと〕

よくばった通算二週間近いプログラムも、「できるんかいな」という声もありましたが、「まあできるんちゃう」といった淡々とした調子で乗り切った感じがします。代表も置かず、マスコミが取材に来て「代表者はどなたですか？」という言葉に、「みんなです」といった感じで、そのときその人が思った、その人なりの「ブッ飛ばせ！」が集まって一つの『国障年をブッ飛ばせ！ '81』になったように思います。（中略）ふだんなら障害者とは無縁のようなミーハーのねえちゃんからヒッピーやＯＬ、カッコも年齢もいろんな人たちが、私たち障害者がやる『国障年をブッ飛ばせ！ コンサート』にたくさん集まって熱狂したということは、画期的なたしかな手応えを感じさせてくれました。これはほんの試みで、まだまだはじまったばかりです。障害者からの視点・感覚が、自己主張・自己表現となったとき、より普遍的な課題となって広がっていくことの証明を、これからも私自身の課題としてやっていきたいと思います。自分のことで精一杯というのと、自分のことだけというのは、違うと思います。自分のことにこだわっている人って好きです。それは本当は、外へ向かうことと矛盾しているのではないと思うからです。

このように、この日のコンサートは、それまでどんなところにもかつてなかったような、障碍者も健常者も一緒に大ノリにノル、歴史的なコンサートとなった。

私は、障碍者を差別する世間に毒づきながらも、一方で、健常者には知り得ない私たち独特の楽しみ方がある、また、身体が違えば必要なものも違うし、そこから発想する生活の違いがあってもいいはずだ、と障碍者文化の創造を考えるようになっていた。障碍者独自の「表現」ということが射程の中に入ってきはじめていたのである。その手始めとして『国際障害年をブッ飛ばせ！'81』があり、これが大成功したということは大きい。

そして、ここにも書いているように、もう一つうまくいかなかった寸劇への心残りが、一九八三年に劇団「態変」を旗揚げし、もう一泡吹かせたろか、と思ったことにつながっていくのだ。

「態変」動きだす

『ブッ飛ばせ！'81』から二年が経った一九八三年、私はそろそろ、あのときにやり残したことの落とし前をつけなければなるまい、と思い

「国際障害者年をブッ飛ばせ！ コンサート'81」

出していた。

『ブッ飛ばせ！ '81』では、たしかに障碍者と健常者が共に楽しむ空間はできた。だが、ステージで楽しませる側としてどうだったかといえば、私たちの力量はそこまで及ばなかった。だから今度は、舞台に上がる側、表現する側としての可能性を追求するのだ。障碍者が文字通り表舞台に上がるのだ、それが私の新しい課題となった。

だが一方で、自分の中から本当にやりたいという気持ちが湧き上がってくるまで待とう、という気持ちもあった。そしてやっと機が熟した、と思えるようになった一九八二年の終わりごろから、私は京都の仲間たちを摑まえて、また騒ぎだした。「今度は、私らが舞台に上がって、芝居をしよう」。

なぜ芝居だったのか？ 前にも書いたように『ブッ飛ばせ！ '81』のときに、寸劇が中途半端な形で終わってしまった、その雪辱戦をしたかったというところもある。だが、なんといっても最大の動機は、私が運動で味わった挫折感だった。もう言葉だけの世界は嫌だ、そう思ったのである。

喋れる障碍、という自分自身の中途半端さ。それを乗り越え、自分をトータルに表現するためには、身体全体をのびのび使いたい。そもそも「障碍」そのものを認めさせるということが、障碍者解放の原点であり、同時に帰結点でもあったはずだ。ところが、それが運動となったときにはどうしても「論」という言語に頼ってしまうという自己矛盾。そこから解放されたいという欲求が、私の中で最大限に高まっていた。

組織運動から抜けて五年。〈自分とは何か。自分はいったい何がしたいのか〉と思いあぐねて自分の内側に深く静かに潜行していった、その末にやっと、これは自分の今の感覚にぴったり来るものだ、これならやりたい、と思える、内的必然性のようなものとして芝居が浮上してきた。

私の「芝居をしよう」という誘いに対する友達の返事は、「そんなこと言うなら、おまえが台本書けや。そうしたら考えたる」だった。「そしたら、書いたらええねんな」と答えたその晩、私は俄然、それまでにない興奮で眠れなかった。それなら、よし、台本を書き出してみようと、夜中に起きだし、雑記帳に向かった。自分がそんなものを書くことになるとは思ってもいなかったので、知識は皆無に等しい。それまで台本なんて見たこともないし、どういう形で、なんて考えても無駄である。

私たちは何でも、あらかじめ知識がなければだめだと思わされているが、知識を習得する場そのものが、我々障碍者には閉ざされている。それなら、そんな知識など疑ってかからないと身動きができない。自分が本当に観たいものを創れば、自ずと道は開かれる。その基本的な心構えだけは確固としてあったので、演劇のエの字も知らないことには何の引け目もなく、かえってそれが強みであるという信念さえ持っていた。

そして、自分の中にあるイメージをできるだけ人に伝わるものにしようと、感覚的なものを呼び起こし、イメージ化することだけに努め、それを文章に写していった。書いていると、自分でも不思議なぐらい、覚醒し、力がみなぎってくるのがわかった。

こうして、一晩で台本を書き上げてしまったのだ。この間、五、六時間。一気に書き上げた。それまで、自分にそんなことができるパワーがあるなどとは思ってもいなかったので、この一夜の出来事は驚異的だった。しかし、それまでにも、好きな音楽を聞いていると（運動を辞めて初めて、それまで念願だったオーディオを手に入れることができたのだ）、動きがイメージされることがしばしばあった。見えないものを見えるようにする。これは演出家向きかもしれない、とふと思うこともあったのだが、まさか本当に自分が台本を書き、演出する立場になるとは思ってもいなかった。

こうして台本ができたのが、一九八二年の十二月ぐらいのことだった。この作品は『色は臭《にほ》へど』とみんなに名づけられ、劇団「態変」の一作目の公演作品となる。

そのときのチラシには、タイトルに『国際障害者年をブッ飛ばせ！パート3』、その下に、障害者ファンタジー『色は臭へど』劇団「態変」、と並び、加えて私が書いた文章を載せた。（以下転載）

さらなる障害者性への回帰を企てております
皆が障害者になったとき、世の中はどうなりましょう
やさしき我々は自らの肉体をかけて、皆の眠りを
覚ましてさしあげましょう
　黙っていたらいいものを
　　愛と正義にうなずいていたらいいものを

あえてそれをひっぱがすのは、そのことをぬきには、
もう我々は出会えなくなってしまっているからです
バカな我々はつい本音を出してしまうのです
皆に教えたくなるのです
我々の世界を
あえて
石を投げてもらいましょう
頭をぶちわってもらいましょう
どうするかはあなたの自由です

このように、チラシもかなり挑発的である。しかし、いま読み返してみると、私自身が運動への落とし前をつけたいという思いを引きずって、芝居に挑んでいたことがわかる。チラシの裏に書いた文章の最後にこう

も書いてある。

我々障害者の肉体表現として芝居はいい方法だと思います。でも『芝居』とはあくまでも我々にとって手段であって目的ではありません。形にこだわらず、障害者の肉体のペースを出していけたら、と思っています。

このころの私の信念は、「障碍者の日常を超えるドラマはない」だった。ラディカルな運動を経験した者が社会に対して持つ「けったクソ！」的エネルギー。それがはじめの原動力だった。だからこそ日常性にこだわり、「芝居なんて、たいしたことないよ」と、型破りに破茶目茶に、舞台に躍り出てこれたのだと思う。

皆の話し合いで劇団名も「態変」と決まった。私は変態にしたかったのだが、それではあまりにも普通だと反対されて、ひっくり返して、態変となったのだ。

台本ができあがると、芝居関係者で手伝ってくれそうな人を誰か見つけないと上演は無理だ、というのがわかり、さまざまなつてを当たりだした。頼んだのはもちろん、普通のきれいな芝居ではなく、アングラといわれる種類の演劇をやっている一癖も二癖もある人たちである。そういう人たちならきっと面白がって手伝ってくれるだろう、というのが私の読みだった。しかし、これも意外に難航した。だが、ひょんな縁で、それまで舞踏っぽいアングラ芝居に関わっていた変わり者役者で、名物男といったふうの軽度障碍者の人と知りあい、彼が手伝ってくれることになった。

その人を除けば全員が何も知らない素人で、意気だけは盛ん。それも集まっているのは役者だけ、障碍者だけである。私は運動の後遺症で、健常者は集めたくなかった。障碍者の身体で勝負できることだけをやりたい。いざとなれば、音がなくとも、照明がなくとも、身体一つで見せてみせる。それが舞台に乗る者の強みであり、舞台の良さだと思っていた。

だから間際まで、音響の人が決まっていなかった。それでも私はべつだん慌てもせず、「慌ててもしかたがない、なるようになる」と思っていた。すると、本番の一週間前に、その芝居関係の人から、音響は自分とこでなんとかするから、と連絡が入った。やはり芝居関係の人たちは、私たちのやろうとしていることをどこかから見ていて、それとなく応援してくれているのだ。心強い思いがした。

かくして、いよいよ、皆をはらはらさせる「態変」の初公演となる。

旗揚げ公演『色は臭へど』

一九八三年六月五日、京都大学西部講堂、昼・夜の二回公演。六月二十六日、大阪・天三《てんさん》カルチャーセンター、昼・夜の二回公演。――という京都・大阪の連続公演で旗揚げした。

全員が障碍者である役者たちはみんなまず自分たちの生活が大変だし、芝居をする前に稽古らしい稽古は二、三回もやったかどうか。とにかく舞台の上で、一人一人が好きに暴れて帰ってくればいい、といった感じだった。

その、芝居なんて屁でもないというふとどきさが、それなりに面白くもあった。たとえば、開演時間になっても役者たちが介護者と一緒に客席に陣取って、炊き出し（そのころは、弁当を買う資金がなかった）のおにぎりをほおばっていて、いっこうに退《の》く気配がない。まッ、しかたがないか。障碍者ペースだから、と思っているうちに、あっというまに客入れが一時間半遅れてしまった、と、そんなこともあった。

当時は、大きな仕掛けや照明・音響など、舞台技術関係には決まった人がいたが、舞台まわりの裏方スタッフというものが決まっていなかった。その日その日に居あわせた介護者を私が指示して、舞台を動かしていたのである。もちろん、舞台監督もいなかった。いまでこそ、障碍のある役者を抱えて舞台に出したり、また抱えて引っ込ませたりする黒子（自力では歩けない役者が多い私たちの芝居には、これが不可欠である）は、文字通り黒い衣装を着て出るが、当時は、その日に介護で居あわせた人に黒子を頼んでいたので、役者を抱えて出て来る人は皆、私服だった。

そんな調子の舞台裏、舞台表であったが、客入りは盛況で、芝居も大成功。次の年には東京公演も決まった。劇団「態変」は、いろんな意味で、それまでの演劇史にない、劇的なデビューを果たしたのである。

『色は臭へど』の舞台は、暗くて深い海底のような設定で、客席の天井には、奄美大島の漁師の友人から送ってもらった本物の魚網《ぎょもう》を、低く垂れ張った。そして、第一幕では、舞台一面に敷きつめられた風船の中を、羊膜のような布で体を被《おお》い、軟体動物のような胎児になった私が、自分の身体の特徴を活かし、ヌメヌメ、ごろんごろんと寝っ転がったり這ったりしながら出てくるのである。

私は、この芝居をする初めから、レオタードが役者の基本スタイルだ、と皆に言ってあった。身体障碍者の身体性を最大の表現にするためには、身体の線が際立ち、皮膚感覚で、それでいて怪我から身を守れる、レオタードしかないと決めていた。そこで、しりごみする皆に有無を言わさず、私が第一幕に躍り出ることにしたのである。

それを呼び水に、次から次と、特徴のある身体と個性が、一人で、あるいは二人で舞台に飛び出し、演じては消えていく。私は専門用語は知らなかったが、後で聞くと、こういうのをオムニバス形式の芝居と呼ぶそうだ。そしてその、それぞれの役者によって一つずつ展開されていく中身がまた、生半可ではない、強烈なものだった。

たとえば、私の友達で、歩けるCPで面白い個性を持った、酒飲みのやつがいた。その彼に、実生活に多少色をつけて、酔っぱらいの役で出てもらうことにした。衣装は、首にタオル、頭は坊主に近く、顔に色を付け、よれよれの服、といった労働者風。その男が、ふらふらと手に一升瓶をぶら下げ、先に出ていた役者を追っ払うように、大声で怒鳴りながら出てくる。「なに、しょうもないことやってんねん」。そして客に向かって、「おまえらも、なに見てんねん。こんなしょうもないもん、見てる暇があったら帰って働け」「わしは、酒飲まんでも酔っぱらいに間違われるんじゃ。しゃあから、こうして酒を飲むんじゃ。なんか文句あ

『色は臭へどⅡ（東京編）』の舞台、1984年。

るか！」「あっ、そや。皆も酒飲みたいやろ。よしッ、わしが皆に酒をふるまったろ」。そう言うと、客席に下りていって、男は一升瓶を観客に飲ませる。嫌がる人には、「オレの酒が飲めんのか」と怒ってむりやり、客の口に押し込んで飲ませたり、こぼしたりする。その他にも、言語障碍の強い、車イスの障碍者の延々と続くアジテーション……。

万事がこのとおりで、やりたい放題やりまくった。こちらは障碍者の「障碍」そのものを逆手に取り、観客にとっては、試され忍従させられ弄《もてあそ》ばれる、という災難としかいいようのない場に追い込まれ、これでもかこれでもかと、障碍者からの激しい毒づきを、弾丸のごとく撃ちこまれることになるのだ。

これは、それまで普通の演劇を見てきて、障碍者の日常より劇的なものはない、と思ったことから出発していた。障碍者にしか感じ得ない日常性を抽出し、よりリアルに加工するのだ。やらせではなく、真実と誇張とのすれすれの緊張感が見る者を引き込む、というのをやってみたかった。

それに、ふだん私たちは、障碍者として一方的に社会からじろじろ見られる立場にある。だから舞台と観客という位置関係でその立場を逆転して、完全に舞台の上から一方的に観客に挑みかかり、眺めまわす、という視点の逆転をはかりたかった。

奇異な見かけの障碍者が見世物小屋に売られ、見世物として生き延びた、というのは、ついこの前まであった話である。しかしそれが見世物になるというのは、一般に健常者といわれる人にとって、であって、障碍者ならそんなものは、あえて見ようとは思わないだろう。

だが、いくらそれが社会関係の産物だとはいっても、「変わったものを見てみたい」というのは人間の心理としてある。それなら、その心理を逆手に取らないという手はないのである。見世物に徹してあげよう。

そのかわり、私たちを見ているその目を、あなたたちにも返してあげよう。それが、相手を嬲《なぶ》りものにしている自分の心理を見せられることになればいい――それが私の目論見だった。健常者のための見世物ではなく、自らの意志で見世物になってやろうじゃないの。それは結果的に、見世物が壇上から皆を見世物にしている構図になるだろう。

そして舞台の上で、いろんな架空の生き物や、人間ドラマが展開された、その最後の最後、それらがいっせいに、赤子の産声と共に舞台から転がり落ちて、産まれ出てくるのである。ラストシーンとしては、今まで舞台の上を這ったり転がったりしていた者たちが、ガムランのはげしい音楽と共に客の目の前に転がり落ちてくる。頭上から何十人もが転がり落ちてきて、観客の中へ中へと分け入っていく。観客が、舞台上からなだれ落ちてくる役者たちをどうしたものかと迷っているうちに、どんどん中へと侵入されてきて客席は騒然となる。そこへ、天井に張りめぐらされていた網が落とされ、役者も観客も渾然一体となって網で捕えられ、会場は真っ暗になり、赤子の笑う声だけが不気味に響いて終わる。

——『色は臭へど』はそういう芝居だった。

私はまさしくこの芝居を、優生思想を撃つものとして意識していた。誰が止めようとしても、社会の「異物」として排除される存在は、世の中に産まれ続けるのだ。海底のように見えた深海は、そのまま子宮という想定でもあった。そこで色とりどりに展開された人間模様は、まだ産まれ出ない胎児たちの夢。それに取り囲まれしだいに侵食されていくのが、社会とでもいったところだろうか。

「やるからにはメジャーになろう」

チラシにもあったように、当初は私自身、劇団を続けることにさほど意味を感じていなかったのはたしかである。たとえ芝居という形は取ったとしても、それは劇団員というような固定したものではなく、一回の公演が終わるたびに解散し、また芝居を始めるときにやりたい者だけが集まる、といった一過性のものにしたかった。

それもやはり、運動の中で味わった、組織に対する拒否感からきていた。人間が三人以上集まると力関係ができ、組織になる。徒党を組むのはもういい。意味のない傷つけあいや、正当性云々は、もうどうでもいい。最後まで責任を取るなんてバヵをみるだけだ。なるべくのらりくらりと、やりたいことだけやり、自分に責任がないかわり人にも押しつけず、「恨みっこなしよ」の関係でいきたかった。そういういいかげんさが芝居にはまだ許される、と思っていたところもある。

私のやりたいことは、はっきり作・演出の中で示すことができる。それに乗るか乗らないかは、その人自身の判断である。

そしていったん乗ったからには一致団結して芝居に取り組み、終わった後は、跡形も残さない。それがいい。正しいとか間違っているとか、正論とかイデオロギーではなく、面白いか面白くないか、という人それぞれの感じ方だけで動きたいし、動いてほしい。たまたま私はそれを面白いと感じるから、皆にそう言う、そんな個と全体の関係。芝居でならそれができる。

それまでの組織運動の中では見出せなかったものを芝居の中に見たようで、これは私に合っている、と思った。

しかしそこへ、東京のタイニイアリスという芝居小屋の、アリス・フェスティバルに参加しないか、という話が舞い込んで、どうしたものかと皆と話し合うことになった。早い話が、一発屋のにわか劇団のつもりだったのが、マスコミに売りこんだことで「旗揚げ公演」になってしまい、また、公演結果もすごい反響だったために、これからどうしていくかを考えざるを得なくなったのだ。

考えてみれば、私は障碍者の身体表現に可能性を見ていたが、皆はそこまで考えていない。面白い話があれば飛びつきたいのは人情だが、東京まで行ってやることになれば、ある意味で引くに引けないことになるだろう。それに、ひょっとするとマスコミは、障碍者が進んで見世物になってくれる得がたい機会だと、変なもてはやし方をするかもしれない。本当にそこまで自分たちのやってることに責任が持てるのか。それを皆と話し合いたかった。

すると、筋ジストロフィー（身体中の筋力が徐々に弱っていく進行性の病気）という障碍を持ち、私とは「青い芝」後期に作った「葦の会」、そしてその後の崩壊、と一緒に歩んできたK君（彼は、旗揚げ公演でも、その特異なキャラクターとシリアスなギャグで、一躍人気役者となった人である）が、皆が押し黙っている中で初めて口を開き、

「目指すんやったら、メジャーを目指せばええ、と自分は思う。テレビをひねれば『態変』の役者がコマーシャルに出てるとか、やるんやったら徹底してメジャーを目指せばええんや」

この言葉は、それまでの私の悶々とした思いを言い当てていた。話がここまで来れば、「ここまでやってしまったのだ、いくとこまで行こう」という気持ちになれる。

そんなこんなで、皆で東京行きを決めた。だがタイニイアリスでの東京公演、一九八四年五月を待たずして、その年の二月、皆を決断させてくれたK君は、帰らぬ人となった。

旗揚げ公演のときも、京都公演から大阪公演へのわずか二十日間の間に、京都ではできていたことが、大阪ではできなくなっていた。それほど、彼の筋ジストロフィーの進行は進んでいたのだ。[*7] 本当に彼は、東京へ行けると思っていたのだろうか。彼はただ、皆を行かそうとしたのかもしれない……。K君を失ったまま、私たちは東京公演に旅立った。

こうして私たちは、芝居なんかすぐに辞めるといいながら、旗揚げから一年足らずで、東京での初公演をすることになる。

一九八四年五月十一・十二・十三日。新宿にある、小さな小さな劇場、タイニイアリスでそれは行なわれた。一日一回計三回の公演を、毎回ぎゅうぎゅう詰めの立ち見客が出たうえに、入りきれずにやむなく帰ってもらったお客が出るほどの大盛況でやり終えることができた。

このときの公演について「暗闇の中の官能・夢のような時間」と感想を書いた人もいた。そして、大阪に帰ってきて、この年の十二月に、大阪府の依頼で、『色は臭へどⅡ（東京編）』を一回公演している。

翌年の一九八五年六月二十二・二十三日、K君の追悼公演『ゲリラ・クヨクヨがおんねん』を、彼が生前住んでいた大阪の吹田《すいた》市で、取り壊される直前の吹田市民会館を会場にして二回公演を行なった。

K君――「ゲリラ・クヨクヨ」のこと

筋ジストロフィーという障碍を持っていたK君は、私と同じように二十四時間介護体制をしき、自立生活をしていた。

筋力の低下は著しく、自力で痰を出せなくなってきたことに気づいていた彼は、担当である行政の福祉課に、吸引器の支給を申し入れた。しかし、その担当者はそんな制度はないと、彼の訴えに耳を貸さずに追い返した。

そして、彼はある日のどに痰を詰まらせた。慌てて介護者が救急車に来てもらい、救急隊員が吸引したが、時すでに遅く、彼はそのまま意識が戻らず、帰らぬ人となった。

そのことを知った私たちK君の友人は、あまりの行政の対応のひどさに発憤し、行政にかけあった。すると驚くことに、緊急時の福祉機器の貸出制度があったにもかかわらず、担当者の怠慢でよく調べもせず、そんな制度はない、と取りあわなかったということが発覚したのだ。

社会的に弱い立場にある者の生命の危機の訴えが、それを受け止める責任がある行政の、窓口業務にあたる一個人の単なる怠慢でひねりつぶされてしまった。まさに行政の担当者に殺されたといってもいいK君の死であった。これが障碍者の自立生活の現実かと、私たちは怒りに燃えた。

一年に及ぶ行政との交渉で、行政は落ち度を認め謝罪した。その結果として私たちは、吹田市に障碍者のフェスティバルを開催させた。そのときに「態変」が掲げたのが『ゲリラ・クヨクヨがおんねん』と題した、K君の追悼公演だったのである。

「ゲリラ・クヨクヨ」とはK君の役者名である。「いつも下痢をしてくよくよしているから」だそうだ。彼の風刺の効いたウィットが、この説明にも感じられる。

実はこのとき、私は妊娠四ヵ月の身重であった。そして、この本番一日前ぐらいの診察で、超音波に胎児が映らないようなら、手術だと言われていた。

私は、自分の身の上に妊娠という事態が起こるなどとは信じられなかった。そのときつきあっていた男が子どもをほしがってはいたが、私はまさかと思っていたし、冒頭にも書いたように、子どもを持った人生なんて、私には考えられなかった。それが、ひょんなことに妊娠してしまったわけである。

いくら子どもなど考えていなかったといっても、実際にできてしまえば、堕ろすというのは考えにくい。妊娠すれば私が死ぬんじゃないか、と思っていたが、そんなようすもない。ただ、もともと身体の変形がすごいので、私のお腹のどこに、子どもが安住して大きくなれるスペースがあるのだろう、と思ったが、逆にそれでも妊娠したということは、意外とその先も心配することでもないかもしれない、と思い出した。

まったくこのげんきんさには我ながらあきれるが、妊娠したものはしかたがない。自然にしていたら産まれるか流れるかは自然に決まるだろうと、事態を素直に受け止めるほうに、精神も体も向くのである。

そして、胎児が超音波にひっかからない、胎児が消えた、という例の診察も、また無事に胎児の姿が現われだし、一件落着した。そして、四カ月のお腹を抱えて、舞台の演出も出演も無事果たすことができた。

このときの公演『ゲリラ・クヨクヨがおんねん』は、障碍者が地域で生きることの困難さをテーマにしていた。出だしは「アフリカの哭《な》き女」の音楽に、K君が意識不明で病院にかつぎ込まれた日の「雪」の照明効果を重ねる。そこに、行政の担当者が電話で「吸引器の貸出制度はない云々……」の受け答えを一方的にする声だけを流した。

そして、雑踏の中を行きかう群集の足元だけを、舞台のバック・スクリーンに大写しにし、その前で役者が蠢《うご》めく。やがて、ハリボテでつくった巨大な、紳士の靴を履いた足と、女性のハイヒールを履いた足が一本ずつ出てきて、蠢めく役者を踏みつぶしていく。このように、社会に対して告発的な意味を持たすイメージ場面を多くしたのが、私たちのK君に対するせめてものはなむけだった。

K君は、生前私に、「金さんはサーカスの動物使いの調教師みたいや。もっと芸せー、もっと芸せー、ゆうて、ムチを振るう」と言っていた。しかし実際には、旗揚げのときの本番に、彼が頭を左半分剃ってきて、頭や顔に大きい恐竜の斑点を画かせたのは、私の指示ではない。K君が全部自分で脚色をして、徹底して役作りをしたのだ。そのときの彼の役どころは、キンジスザウルスという恐竜だった。思い出しても、そうした彼の、徹底した楽しみぶりはさすがに天晴れだったと思う。

彼の生前の人間性があったからこそ、私たち一人一人が彼とのつながりの中で本当に彼の死を悔やみ、彼の無念さを晴らそうと、一年もの間粘り強く行政交渉をやり通せたのだ。そして「態変」が初めて東京行きを決めるときの彼の言葉は、そのまま今も、「態変」の精神として生きている。

こうしてK君の追悼公演の後、私は産休に入った。

*7　進行性筋ジストロフィー。進行性の疾患であり、ある時点で症状悪化が加速する。

第八章

宇宙的な時間

子どもが産まれる！

まったく私にとって、青天の霹靂というのはこのことだ。私の計画でいけば、自分の人生の中に入ってくるはずもなかったものが「子ども」だった。しかし、できてしまえば、自然に受け止めている自分も不思議だった。

小さいころから医療行為ばかり受けてきたのに、子どもができれば、また自ら進んで医者にかからなければならない。しかも命に関わるかもしれないのだ。先に挙げたような観念的な理由も多々あったが、やはり実感としては、それが私が子どもをほしくない一番の理由だったのだろうと思う。

また、運動の崩壊のとき、女の障碍者たちの子どもをつくることへのこだわりに出くわし、強い抵抗を感じた私がいた。私はそういうのは嫌だとあれほど思っていたのに、今、その私自身が子どもを持とうとしている。そのことに対して逡巡《しゅんじゅん》はあったし、第一、子どもを持つことで介護者たちとの関係がどう変わるかも不安だった。だが、やはりそういう迷いを超えて、自分の中に別の生命がいる、という感覚には抗しがたいものがあった。

私は、いま世に在る、「普通はこうだ」とか「こうすべきだ」ということすべてに疑いを持っている。子どもを産む、ということはその中でも最たるものだ。しかしここまでくれば、世の中で言われていることがどこまで本当なのか、身をもって確かめてみようという気にもなった。

子どもを持つことでいったい人の心理はどう変わっていくのか、それをとことんまで見極めていきたいと思ったのである。

だから、まず私は、絶対に妊娠のために死にたくないと思った。K君の追悼公演が妊娠四ヵ月のときだった。四ヵ月までもてば、あとは胎児は安定するという。舞台をやりながらもなんとかそれまでもったのだから、あとは絶対安静で体の安全第一の妊婦生活を送ることにした。

しかし、意外とこれが健康な妊婦だったのである。ふだんよりも血行が良くなり、それまで常時腫れが引いたことのない足だったのが、すっかり腫れが引き、〈へー、私の足ってこんなんだったのか〉と思うぐらいで、スッキリと体調が良かった。そして、実はそれまで汗もかいたことがなく、汗をかくことに対して絶大なる憧れがあったのだが、汗も出る出る。それ以来、汗のかける体になった。

食べ物も、以前から主食は玄米だったのに加え、動物性のものはあまり取らずに鉄分の不足に気をつけるように、と医者から言われていたので、黒ゴマペーストは欠かさないようにするなど、徹底した健康食と健康管理に努めた。

そしてまた効いたのが、鍼灸の治療だった。妊娠中は下痢は極力避けなければならない。流産を引き起こすからだ。だが一般的には、妊婦は逆に便秘に悩まされ、痔に悩まされる。鍼灸は、この痔に対して特効があった。また、私は帝王切開だったため、出産後に骨盤の収まりが悪く、恥骨の間が縮まらないために、長時間坐っていると痛い、という症状が出たのだが、それも、長年かけての鍼灸の治療で、目に見えて回復した。

このようにいろんな自然の方策を駆使して、万全の態勢を取った。そうすると、私の健康法は妊娠です、と言おうかと思うほど、身体はふだんより快調で、精神的にも安らかだった。血が胎児にまわっているためか、私はものごとにまったく囚われない境地に達していた。難しく考えようと思っても、ポワンとしてなかなか思考がめぐらない。胎児をお腹に抱えていると、卵を抱えているようにぽかぽかとする。すると、自分の中に胎児を抱えているというより、自分自身が羊水に囲まれてぬくぬくしているようで、非常に気持ちいい。精神的には至福のときであった。

そして、私が胎児を守っているばかりでなく、私も胎児によって守られているのがわかる。胎児がお腹にいるかぎり、私の上には災難なんて絶対にふってこない、という気になるのだ。

まったくこんなに変形した私のお腹のどこに胎児は居場所を見つけるのだろう、と思っていたが、けっこううまく居場所を見つけたらしく、臨月になって会った友達に、「あれ、もう生まれたの?」と言われたくらいだった。もともとお腹が大きいというのもあるのだが、それ以上出るということはなかったのだ。これはほとんど奇跡のようなことだった。なにしろ私のお腹は、背骨の変形のため横に押しつぶされている状態で、内臓さえも、〈どこに何があるのだろう、よく納まっているな〉と自分で思うほどなのだから。その変形をかいくぐり、押しつぶされもせず、何のトラブルもなく胎児が成長したというのは、私にとっては大きな驚きであった。

そして、一九八五年十二月十九日が、帝王切開の日と決められた。私は三十二歳になったところだった。

全身麻酔で手術を受けた。全身麻酔は子どものころ、施設でも一度経験していて今回が二度目である。無事生還できるだろうか？——今度は二人分の命として。

出産、そして育児

ほっぺたを叩かれ、目を覚ました。看護婦さんが「きれいな男の赤ちゃんですよ」と言っているのが聞こえた。

二九二五グラムの男の子だった。私自身も、麻酔の影響で異様に高揚していたが、元気だった。その日の夕方ごろ、赤ちゃんと初めての対面。自分から生まれたとはとても信じられない。だけどここには、自分とは別に、さっきまで存在しなかった者がちゃんと存在している。「感想は？」と聞かれ、私の第一声は「たいしたもんや」。

赤ん坊の名前は「里馬《りま》」にした。音の感覚を大切にして、男っぽくなく女っぽくもなく、日本らしくなく朝鮮らしくもなく、日本語でも朝鮮語でも読みが同じ、という条件で選んだ。金里馬だ。

産んだ後、普通は子宮が自力で収縮しようとするのだが、帝王切開のためその力が弱く、点滴で収縮促進剤を入れることになった。強制的に収縮させるわけだから、普通の収縮より、その促進される勢いがすごくて、痛いのなんのってない。おまけに子宮を切っているので、他の内臓と癒着してはいけないと、お腹の切ったところを傷口の上から押さえてまわす、というのを何回もやらされる。これも痛いが、我慢してやらないと本当に恐いことになる。言われたとおり、一晩中、一生懸命、右に左に寝返りを打った。

次の日ぐらいからがまた、授乳という新たな闘いだ。すぐに授乳すると麻酔が混ざるのでそこまで延びたのだが、腕の力のない私は、どう支えて赤ちゃんに母乳を飲ませるか、その方法を見つけだすのが一苦労。

私は一応、母乳で育てたいと思っていた。人工栄養だと手間がかかるし、お金もかかる。私は何でも天然に勝るものはないという考えである。そして同時に、授乳は子に自分を覚えさせる格好の機会である。

しかし、産まれたての赤ん坊というのはどう接していいのかわからないもので、「お腹を痛めた」とか「血肉を分けた我が子」というが、初めからそんな実感など湧くはずもなく（このことに関して私は、自分が帝王切開だからそうだったのか知りたくて何人かの友達にモニターしてみたが皆同じ意見だった)、初めて抱く赤ん坊は、どこか空々しい。

初めての授乳というところで、またそういう気分に直面させられる。おっぱいになかなかうまく吸いついてくれない。横に布団を置いて、添い寝で試みてみたり、横抱きのような格好をしてみたりと、悪戦苦闘した。だが、どれもうまくいかない。

そこで、少し乱暴なようでも、赤ん坊に私の太股にまたがらせて、前からおっぱいにかぶりつかせるようにした。赤ん坊の首と体を両手で支えてだっこするような感じである。抱き方はこれで収まったのだが、まだ赤ん坊のほうに飲む気力が湧かないらしく、なかなか集中して飲んでくれない。

飲んだ分だけすぐに体重にあらわれるほどいたいけな小さな身体で、こんなに飲みが少ないのが何日も続くとどうなるんだろう?　心配なの

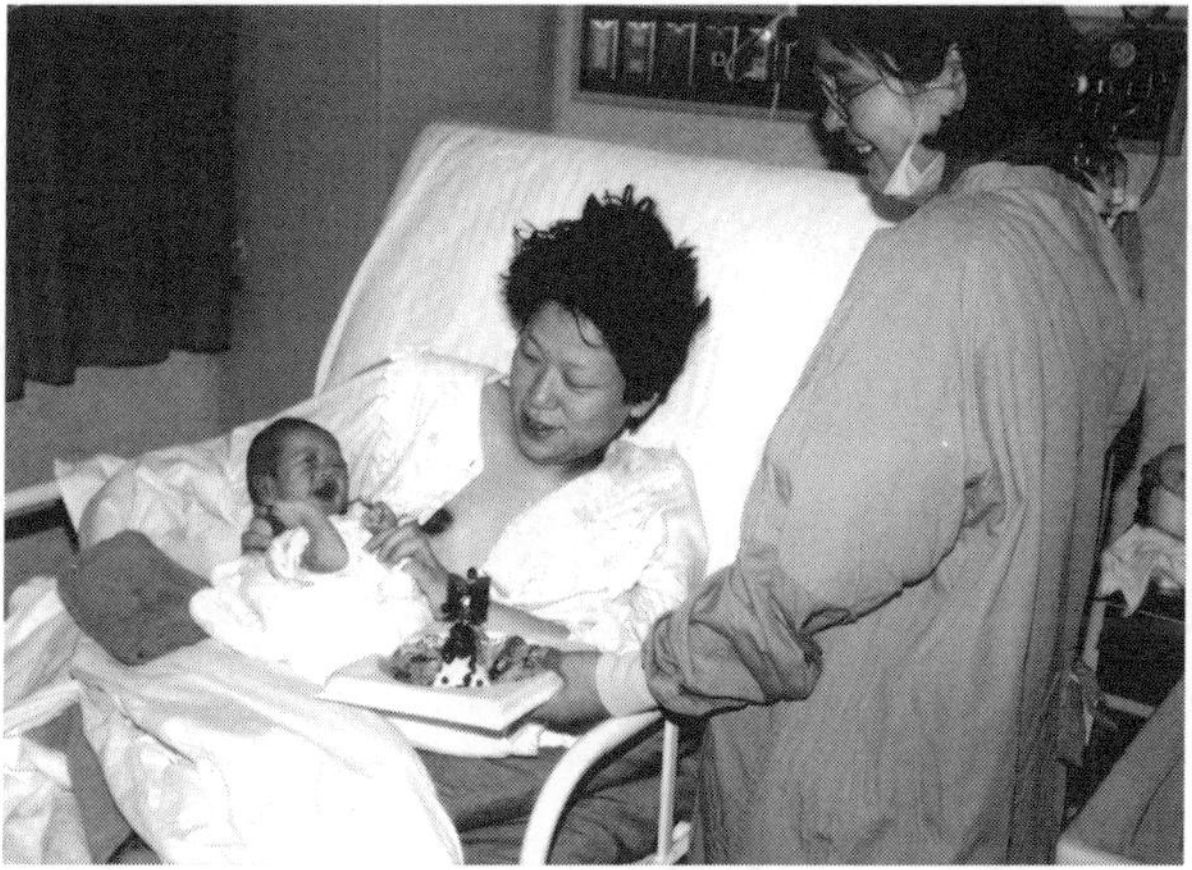

生後5日目。初めてのクリスマス・イヴ。

でミルクも少し飲ませてみようかとも思うが、哺乳瓶のほうが赤ん坊が吸うのに楽だから、母乳を飲まなくなるケースもあると聞くしで、気分はどんどん焦る。

いったいどうしたものか。——考えあぐねた末に、私はあることに気がついた。赤ん坊が産まれて今まで、私はうまく扱うべき対象としか見ておらず、やはり私にとって赤ん坊は異物でしかなかった。それがいけないんじゃないか。やはりもっとかわいいと思わないとだめなんじゃないか。そういうふうにすることで通じあう世界を創らなければ、いくら物理的にうまくやろうとしても飲んでくれないんだ、とひらめいた。そこで今度から無理してでも、「かわいい、かわいい」と声を出して言ってみようと決めて、やってみた。

「かわいいよ、かわいいよ」と話しかけて、飲ませてみたのだ。すると、これがばっちりうまくいったのである。この切り替えに気づいたことは、私にとって、コペルニクスの大転換ぐらい、大きな出来事だった。

子どもを産んだ女には常に、おまえには母性本能がないのか、と責められるのではないかという強迫観念がある。だが私は、本能自体も社会状況の変化で変わってきて当然だと思っている。人間というのは、環境など外から創られる部分と、外側からではどうにもならない、その人の本質ともいうべきものと、両方がせめぎあって創られるものなのだ。

この場合、「赤ん坊は母乳で育てたい」というのは、そのときの私の、いろんな事情を考えた上での、本能とは違う意志だった。しかし、それがうまくいくかどうかはまた別問題だ。その試行錯誤のときに、それまでのいろんな情報が介在してくる。障碍者だから、とか、帝王切開だから、というそれまでに耳にした、母性を問う踏み絵のような言葉が頭をかすめる。

しかし、どの言葉も気持ちを萎えさせるだけで何の役にも立たない。

結局のところ役に立ったのは、「何としても飲ませないと私が困る」と腹をくくることだった。

ここでわかったのは、母性はつくられるということだ。背水の陣をしかれて、もうどこにも逃げられない、という現実の中で、母性というものもつくられるのだ。はじめから母性があるのではなく、それは、この環境をいかに受け入れるかというところで持たざるを得なくさせられるのだ。

そこには、いいとか悪いとかは別にして、これはいっちょやってみないとどうにもならない、愛情があるのなら表現しなければ伝わらない、という世界があった。そのとき私は、それまでの私の生き方にはなかった別世界を覗いたような気がした。そして、これからは自分の意志だけではなく、子どもという抜き差しならない他人の意志を尊重しなければならない世界へも、足を踏み入れていかなければならないのだ、と覚悟した。

そんなとき、私の母親が、自らも老齢のため入退院を繰り返していたのに、杖をつきつき、ひょっこり見舞いに現われた。病院名は知らせてあったが、もちろん病院の場所は知らないし、第一、母は日本語がうまくできないのだ。片言の日本語で道をたずねたずねやって来るというのは、想像以上に大変なことだ。その母が、いったいどうやって病院を訪ねてこれたのか。

だが、とにかく娘が心配で「一目会いたい」という一心のその姿を見た瞬間、初めての我が子を抱え、右往左往する親の苦労の一端を味わっていた、その感情と重なって、張り詰めていたものが一気に噴き出し、私は泣き出してしまっていた。

前にも書いたが、私は家を出て以来、もし自分に何か事があっても、親や兄弟をあてにする気は頭っからない。親兄弟は私の生活とはまったく別のところに存在していて、たまに甘えはしても、頼ってはならないと思っている。だから出産のときも、ふだん家にいるときのように、介護者のローテーションを頼んで、付き添ってもらっていた。

だから、母親が見舞いに来るなんて予想もしていなかったのだ。「マタニティブルー」（出産後、ホルモンの関係で、落ちこんだり、ものに感じやすくなること）というのがあるのを出産書で読んで知っていたが、そのときはまさしくそれだった。いろんな感情が交錯し、思わずそれが表に噴き出してしまったのだ。

新しい世界――宇宙人の視点

私のような身勝手な人間は、そうなかなか自分のペースを変えないし、また、そうすることでやっと自分の生活をつくってこれたところがある。

だから、子どもができたといっても、せっかくつくってきた自分のペースはなるべく崩したくないし、それですむところはなるべくそれですませたい。

だが、子どもと一緒の生活が現実にはじまってみると、とてもそうはいかないことがしだいに明らかになってきた。それまで私は、障碍者の生き方として、生活は常に介護者と共にあるのだから自分の時間や持ち物に執着せず、個人の生活はすべてさらけだす、「開け放して守らない」という生き方をつくってきていたのだが、子どもがそこに入ってくると、どうも勝手が違ってくるのだ。

なんだかんだいっても、やはり親としては、子どもを「守り、育て」なければならない部分がどうしてもある。だがそれを、私が直接やるのではなく、すべて介護者の手を介してやらなければならない。別の人間である子どもの世話を、これまた他人である介護者に指示し、その手を介してやる、という間接的な関係のややこしさ。早い話が、子どもを叱ったり、罰一つ与えるにも、第三者の手を介さなくてはならないのだ。もちろんそのとき、介護者によっては、子育てについて別の意見を持っている場合もある。その現実の中で私は、常に介在する介護者という第三者の目を通して、自分を問わざるをえなくなっていた。

介護者たちも、それまで結婚や子どもということに関して非常にクールなほうで、子どもを触ること自体初めて、といった人たちが多く、何をするのにも「ひェへー」という、おののきの世界である。私と介護者たちだけなら、大人のペースで、お互いに意志を尊重しあってやっていけるのだが、子どもはそのペースに合わせてくれないから、子どものペースも守ってやらなければならない。しかし、彼女たちも、目の前に迫る赤ん坊に追われるように、今までとは違ってきた介護の内容の変化に、自然に対処していくのであった。

やはり、案ずるより産むが易しで、介護はあとからついて来るのである。

このころの私は昼夜もない状態だった。まずおっぱいを与えるだけで必死なのと、自分の体もまだ産後の養生期で、病人と同じ状態だ。またその時期は産後の悪露《おろ》というものがあって、個人差はあるがそれがしばらく続くので、私の場合は養生のために一ヵ月以上床についていたと思う。退院した後、暗い家の中で、洞窟を這いまわるような日々だった。

出産は後の養生をちゃんとしないと、体の変調が持病になってしまったりするので、なかなか大変である。私も、完全に妊娠前の体調に戻るまで四、五年かかったと思う。それも、鍼灸の治療とか、体に良いことを根気よく続けて、である。

障碍者の場合、出産が障碍が重くなるきっかけになることも多い。誰でもそうだが、妊娠、出産、特に育児を通じて多大な過労とストレスに悩まされるからで、逆にいうと、妊娠中、そして産後の養生の時期を、ストレスのない状態で心安らかにすごすことができれば、出産自体は何も問題ないのだ。

しかし、赤ちゃんは、産まれて三ヵ月ぐらいまでは、とても神々しい。こちらの世界とあちらの世界を行ったり来たりしているようなところがある。そのころまではまだ神経が体全体に行き届いてなくて、動きがぎくしゃくしていたり、緩慢《かんまん》だったりと、とても障碍者に近い。それが月日が経つにつれ、神経が隅々まで行き届いてくるのがわかる。そうしてはっきりとこの世に落ち着き、人間となるようだ。

私はたまに、宇宙人の目というのを、想定してみるときがある。

それは、いま絶対的価値と思って躍起になっていることも、状況によっては取るに足らないことになってしまうことがある。ゆるぎない価値や立場なんていうものは、絶対的なように見えて一番危ういんじゃないか、それよりももっと普遍的なものがあるんじゃないか、という思いだ。たとえば妊娠中にもこんなことがあった。

話の輪ができているとき、その中から何もいわずにスーッと座を立って、消える人がいる。そして何もいわず、またなにげなく座に戻ってくる。――トイレなのだ。人が何も言わず席を立ち、何事もなかったかのようにまた、話の中に加わる。それに対して皆も何も言わず、何事もなかったかのように話は進んでいく。その人と集団のありさまが、そのときの私には、その人だけワープしているように見え、自分がお腹にいる胎児の目、宇宙人の目のようなもので見ている感じがして、この感覚は覚えておかないといけない、と思った。

このように、私たちが当然のように考えて何も不思議に思わないことも、外部の人間から見れば理解しがたい、実に不思議な出来事だということもありうるのだ。時々視点をずらしてみることの大切さ。それを実感できたことでこれは貴重な体験だった。

そしてまた、赤ん坊ができると、ほんとうに宇宙人を手に入れたような楽しさがある。それに何より、相手には私だけを認識する波長のようなものが流れていて、その波長の中で親子の対話がある。しっかり目を見て、お互いに認識しよう、とする力のようなものが、赤ん坊のほうから発せられているのがわかる。

この宇宙人の出現は、私に予期せぬ多くのものをもたらした。

劇団復帰

子どもが産まれて五ヵ月、私が産休中だった一九八六年五月には、他の劇団員皆が力を合わせて、施設の男女の障碍者が脱走して海を見に行くという、ドタバタ喜劇風の『出たいねん、コンチキショウ』という作品を創り、京都大学の西部講堂で公演を行なっている。

そしてようやく次の、『水は天からちりぬるを』という作品が、私の産後復帰作となるわけである。

女が劇団を主宰しているところ自体が少ない小演劇界である。その中で、子を産み育てながらまだ劇団を続けることが可能かどうか、皆目見当がつかなかった。

しかし、何事もたいそうに構えるのではなく、日常の延長としてやりたいというのが私の中にある。そう考えると、子どもと芝居づくりは別に矛盾なく存在するのである。

だから、この作品づくりのため合宿した際も、授乳のため赤ん坊も一緒につれていった。万事がこうで、その時分の稽古もいつも赤ん坊づれであった。当の赤ん坊、里馬のほうもよくしたもので、みんなによくなつき、稽古の邪魔をするということはまったくなく、機嫌よくみんなと同じ場所に存在しているのだった。私は子どもができたからといって、個人的な世界に閉じこもってしまうことはしたくなかった。劇団という組織と、介護者という他人、その両方と関わりながら、開かれた関係の中で同時に、子どもという「個」を守ることもやっていく。それはしんどいことだったけれど、その中で初めて見えてくることがあるような気がしたのだ。そのようにしてできたのが、冒頭にでてきた『水は天からちりぬるを』だったのである。

この作品は、一九八七年四月十九日二時からサンシビック尼崎で、同じく四月二十五日夜・二十六日昼の二回、大阪府同和地区福祉センターで、と、尼崎・大阪の連続公演として行なった。

この後、別の作品、『(障害者ミュージカル)カイゴ・香異湖《かいご》・KAIgo!』を、一九八八年四月十日の昼・夜の二回、大阪の生野《いくの》区で、十月十七日夜・十八日昼・夜と三回、京都の神楽田ホールで、公演している。これは森に迷いこんだ男が、恐い恐いと思いながらも、人知れず異世界を形成している森の中に住む生き物たちに魅せられて、終いにはその仲間に入るというものである。

そして、一九八九年六月二日夜、三日昼・夜の三回公演で行なった、伊丹アイホールでの『銀河叛乱《はんらん》'89―月に接吻したかっただけなのです―』で一気に、身体と宇宙、人間の持つ内的なエネルギーと宇宙的エネルギーのやりとりをテーマに作品を仕上げることができた。

私自身は、障碍者の肉体それ自身が最大の表現であり、それは芸術でさえありうる、という信念のもとに、もともとそういうテーマを舞台にのせたかったのだが、やはりそれは一気にはできず、旗揚げの『色は臭へど』から、私の作ではないが『出たいねん～』までは、まだまだ運動的告発の部分が色濃かった。

そして、『水天～』『カイゴ～』で、運動から離れて完全により純粋な表現としての、人間の心理の探究やアート性へと移行し、そして次の『銀河〜』で一気に、肉体と魂の昇華、という課題に入っていったのだ。それが、ふりかえってみるとよくわかる。

そして、『銀河〜』から先の数々の作品は、人間の魂の癒し、それに自然や宇宙を題材にしたものになっていった。

「態変」ケニアに行く

一九九二年の九月、念願であった初の海外公演を、ケニアで行なわないかという話があった。私にとって、アフリカは憧れの地である。すべての人間の根源的パワーがそこにはあるように思えて、絶対に訪れてみたい地であった。

そこが、「態変」の初の海外公演の地になるなんて、これは絶対に祝福されている。逃がすものかの勢いで、一九九一年九月に「態変」二度目の東京公演を終えてすぐの十月に、下見にケニアへ飛んだ。そして、公演母体であるナイロビ・プレイヤーズという団体と契約書をとりかわし、ナイロビばかりでなく地方を含めたケニアの三都市でやろうと、現地にも下見に行き、ホールを決めて帰ってきた。

その後は手紙での交渉を続け、一年後の一九九二年九月、劇団のみんな総勢三十人を引き連れ、ケニアに降りたった。いろんな外国公演をして最後に行き着くところだろうと思っていたアフリカが、海外で私たちの芝居を見てくれる初めての地になるなんて、本当に幸せだと思った。

ケニア公演では、観衆が微動だにせず私たちの演技を食い入るように見てくれ、演技に応えて即、反応が返ってくるという得がたい経験をした。子どもが多かったのだが、私たちを見る子どもたちの瞳がまっすぐに澄んでいて、とても強い光が放たれている。「この子どもたちはきっと私たちの芝居を忘れない」。そう思えたことは、今でも私のエネルギーになっている。私たちの表現はセリフに頼るところが少なく、また人間の存在の根源をテーマにしているので、言葉を超えて世界に通用したのだろう。

そして、劇団をやっていてなにをいまさら、と思われるかもしれないが、私にとってもう一つ大きかったことは、「カリスマ性」という言葉の呪縛が、このケニア公演で解けたことだ。言ってみれば何ということはない、ケニアの新聞に私のことを「カリスマ性を帯びた……」と書かれてあり、それがいともあっけらかんと、いい意味で書かれていた、というだけのことなのだが、私はこのときに初めて、「カリスマ」とは本来悪い意味ではないということを知ったのである。

アフリカが初の海外進出の地となれば、あとは何も恐いものはない。世界に通用するアーティストを目指すのみである。

運動の中で傷ついた何かを、私はまさしく芝居をすることで癒そうとし、また実際に癒されてきたような気がする。それは、宇宙に生かされた存在としての気づきの旅であり、一つの祈りでもあった。

劇団を結成して、ふり返ればはや十三年である。こんなに続くとは、正直思ってもみなかった。しかし、そのころはまだ誰も取り組んでいなかった、障碍者自らが作・演出・出演もするという芝居を選んで、そして続けてきて良かったと思う。

単なる日常のうっぷん晴らしと思って芝居をしても、やはり持続はしない。十三年間一つの方向を見て、いろんな局面を迎えながらも、まがりなりにも進路をとれてきたのは、自分のやろうとしていることへの私なりの信念があるからだ。私は自分のやっていることを、単に障碍者自身の表現というのに留まらず、芸術だと意識している。表現はただ自分のためかもしれないが、芸術は他の人間の生きる糧となりうるし、また、そうならなければならないと思っている。

そしてこれまで、それなりに「態変」独自の世界観を創ってこれたと思う。それは、役者も裏方も一緒に舞台芸術というハードルを一つずつ越えてこれたからこそであり、その過程で、人間の可能性を「信じるに値するもの」として舞台に結実できた成果だと思う。

だが、まだまだこれからである。そしてまた今、「態変」の表現は、「魂の癒し」から新たな課題へと移ろうとしている。今年、一九九六年の八月に、二度目の海外公演をスコットランドのエジンバラで行なう予定なのだ。新たな観客を得て、また新たな展開を見せることができればと思っている。

最近の作品『ダ・キ・シ・メ・タイ !!』より。1995年。

舞台で演技する著者。舞踏家・大野一雄氏とのコラボレーション『山が動く』1994年。

産まれること、生きること

　こういうふうに書いてくると、いかに私は人の中で生かされてきたかと、改めて思う。と同時に、私はその後の人生のために、自分で障碍者になることを選んだような気さえするのである。

　なかなか人には理解してもらえないかもしれないが、これは強がりではない。本気でそう思うのである。いろいろな人に生かされ、また生かしていくことができるような本物の表現・芸術というものを追求するために、すべては必要だった気がするのだ。

　私が今日の私であるために、やはり母親の影響を否定することはできない。むしろそれが大だった、と思うところは多い。

　まず、舞台というものを巨大なものと見ていなかった、自分と等身大に見て育ってきた、これは大きいと思う。小さいときから聞かされていた「おまえを、金紅珠の名前を継ぐ後継ぎにしたかった」という母親の言葉はどこか他人事のようで、むしろその後に続く、「ところが障碍者になってしまって云々」のほうが、自分はそんな存在なのか、と意識させられた最初という意味では影響は大きい、と思ってきたが、実際にはその「後継ぎ云々」の言葉がきっかけで、芸人というのが、私の潜在意識に深く根をおろすようになったのかもしれない。

誰からも期待されず、母親の意志だけによって産まれてきたといってもいい私である。母親の絶大な愛情と人生への思いが、私を支えてくれた、そういう思いがする。

そしてまたそれ以上に、私は歌や踊りが大好きだった。他の兄弟姉妹の中でも私だけが、母親の現役の舞台を見ることがなかったことは、残念でならない。しかし一方で、だからこそ、自分独自の舞台表現を志向できたという面があるのかもしれないと思う。そのことからしても、私が障碍者になったというのは、すべての規範から離れ、一から新しいものを創り上げる、そのために必要だったことだと思えてならないのである。

そしてまた、障碍者になるときに、生と死の間をさまよったということがある。いわば私は、死の淵から生還しているわけである。いま障碍者として生きている人たちは、皆そうなのだ。産まれ出るときも同じだが、その苦しさに次ぐ苦しさの中で、死の淵を覗きながら生きるほうに戻ってきた何かが、記憶の奥深くに息づいているに違いないという気がしてならない。

私の妊娠中のときのように、こちらの心配をよそに、産まれ出る胎児によって母体が健やかになるよう促してくれる場合もある。産まれることや人の生き死にには、個人の力ではどうしようもないものがあるのだ。

障碍者運動で知った、今までとは違う価値観とその運動の崩壊は私に、虚像と実像はお互いがお互いを映しあう合わせ鏡のような、表裏一体のものなのだということを身をもってわからせた。それは同時に、人間は一人では生きられないのだ、と悟ることでもあった。しかしまた同時に、人間とは生きるためには他者を傷つけざるを得ない者である、ということを悟ることでもあった。傷つけ、また傷つけられながら他者と生きることの可能性を、私は今、劇団という集団の中に見ようとしているのだろう。

芝居をつくる、というのは見た目は華やかでも、いいことばかりではない。台本を書くとか、稽古をつけるとか、たくさんの人間を動かしていくという忍耐のいる辛い作業をこつこつ積み重ねて、やっとできることである。それでも、「好きでやっていることなんだろ」と言われ、人から誉められることはあまりない。芝居人は舞台の上だけが勝負なのだ。しかし、泣くほどの苦労をしても、返ってくる何かがある。

なんだかんだと言っても結局、私はやりたいことをみんなやってきたのではないかと思う。子どものころ憧れていた不良もしてみたし、そればかりか友達になったヒッピーに「あんたはヒッピー中のヒッピーだ」とヘンな誉め言葉を言われたりもした。そして何より、母親がしていたようなことを、他の兄弟の誰でもなく、母がかなり歳がいってから生まれた私がするようになると誰が思っただろう。私も最初からそうなることを望んでいたわけではない。目の前に立ちはだかるものに一つずつ対峙し、生きることを追い求めてきた結果としてここに至っただけなのだ。

しかし逆に芝居というものを基点にすると、今こうしてあるそのために、障碍や母親からの影響や運動といったものが、糧として必要だったのかもしれないともいえる。しかも子どもという、私にとって予期せぬ副産物もそえて。

里馬ももう十歳になる。私たちはお互いに、「まんり」「りま」と名前で呼びあうようにしている。赤ん坊のときから、私は子どもに自分のことを「私」とか「まんり」といって話しかけていた。そう呼びあうような関係をつくりたいという気持ちからだ。だからといって、変に平等主義でもない。親としての立場は頑としてある。私は私の生き方を子どもに見せることが、一番の子育てだと思っている。そのうえでお互いが一個の人間として認めあい、信じることができるような関係をつくっていければ、何も言うことはない。母親が私にしてくれたように、絶大な愛情を栄養のようにさんさんと降り注いでいれば、子はすくすくと育つと信じている。

やはり、私がつくった我が家はいっぷう変わった家族関係である。その中で、里馬も里馬らしくすくすくと育っている。親馬鹿だが、里馬はなかなかのいいやつである。

最後に、私はなるべくいろんな立場に立ちたいと思う。そうするとさまざまなものの見え方がまったく変わるからだ。

私は運動でも、二つの立場を経験したことになる。まず、被差別者として差別者を撃つ立場。そして次に、運動を辞めた裏切り者として、かつての仲間から糾弾される立場。

そしてまた、運動の中で障碍者にとっての「親の差別性」を訴え続けていた、差別される「子ども」の側だけに立った立場。そして親になった立場。

加えて、ケニアで経験した、経済大国日本の障碍者という、貧しいアフリカに対して贖罪《しょくざい》意識を持たされてしまう立場——「おまえたちは日本という恵まれた国から来ているのだからこのぐらいはそちらが譲るのが当然」。何度も聞かされたその言葉は私を「これは翻《ひるが》えせば、私が日本で在日として、また障碍者としてやっていたことではないか」という痛烈な思いに立ちかえらせてくれた。

人間、一生のうちでそういくつもの生き方はできない。それなら、なるべく立場の違いを知りたい、単にここを飛び越えて違うところに行くのではなく、その違いをしっかりと覚えておきたい、と、ねちっこい性格の私は思うのである。

いま私は、日本以外のところにも住んでみたいと思っている。できれば演劇を活かして。死ぬときに「こんなはずじゃなかった」と思いながら死ぬのか、「自分なりにやったな」と思って死ねるかは、その瞬間にしか決まらない。

やりたいことはやらなければ。

道は果てしなくても、目標があれば、その距離は確実に縮まるだろう。そのために必要なことは後からついてくる。はっきりとヴィジョンを描いて、それを抱くこと。

さて、どこまで行けるやら。

あとがき

この本は、自分のその時々の感情に入り込んで書いてみたいという思いで書き進めてきました。けれどそのために、読者の方にとって、時間の流れというのがあまり感じとれない、すべてが今のことのような錯覚に陥らせてしまう文章になってしまったのではないかと心配です。そこで以下では、その点を少し補足しておきたいと思います。

これは、私のこれまでの四十二年間の時間の流れを記録したものです。四十二年といえば半世紀近い年月です。そしてこの半世紀は、日本にとっても、母国韓国・朝鮮にとっても、そしてまた、障碍者をめぐる環境という意味でも、きわめて変化の激しい時代だったといえます。

第二次大戦を前にした日本と朝鮮半島の関係の中で、私の母は朝鮮の古典芸能を日本で披露するために日本へ渡って来ました。そして私はといえば、日本の戦後の混乱はまだ覚めやらないが、確実に歴史は前に向かって歩みだしている戦後八年目の一九五三年（昭和二十八年）に、在日二世として生まれ、三年後に障碍者になりました。そして、一九六一年（昭和三十六年）に障碍者施設に入所。戦後十六年目のそのころの日本は、障碍者に対する偏見はまだまだ強く、しかしその中で福祉という概念がなんとか世の中に顔を出し始めた時期だといえるでしょう。

そしてそれに続く、六〇年代末から七〇年代初頭にかけての安保闘争や学生運動といった、時代の激動期を、私はそれとは無関係に施設の中ですごしました。そしてそれらが沈静化してしまった後の一九七五年（昭和五十年）、障碍者運動との出会いをきっかけにして自立生活に入ったのです。その後、運動が分裂・解体していく中で、一九七八年（昭和五十三年）、運動を抜け、組織の後ろ盾のない、たった一人の自立生活者になります。そして一九八一年（昭和五十六年）に国連の提唱ではじまった「国際障害者年」の初めの年に、障碍者自らが企画し実行するというイベント、『国際障害者年をブッ飛ばせ！ '81』をやり、その延長として一九八三年（昭和五十八年）に劇団「態変」を旗揚げすることになるのです。

この、私が体験した施設生活の時期、そして自立生活に入っていった時期は、ちょうど、障碍者に対する日本の公的な施策と障碍者自身の要求との矛盾が、激しくぶつかりあった時代だったといえます。今ではあたりまえに通用してきている「健常者」という言葉も、本文でいうような意味あいでの「障碍者の自立生活」という概念も、まったくなかった時代のことでした。

ですから、一つおことわりしておくと、ここで書かれている施設に関する記述も、あくまでも私が体験した年代のことです。そして、物事は同じことでも立場によって一八〇度見え方が違うものです。ここで書かれていることが、私という一個人の目を通したことでしかないということは、読者の方にもわかっていただきたいと思います。しかし、それをわかっていただいた上でなおかつ、障碍者にとっての厳しい現実は、本質的には依然、そのころと変わらぬままだとも言いたいのです。

とはいうものの、この本を執筆しながら、確実に時代は変わりつつあるのを感じずにはいられません。これまで、世の中にとっては、厄介で常に対策を講じなければならない対象としての「障碍者」しか存在していませんでした。でも今という時代、障碍者のイメージは確実に変わりつつあります。

では、どうしてそういう変化が起こってきたのでしょうか。たとえば「健常者」という言葉一つとってみても、それが、障碍者の運動の中で初めて「障碍者」に対応する言葉としてつくられ、一般に広まっていったものであることを思い返してみれば、日本における障碍者解放運動とは、障碍者自身が社会に対して対等な関係をつくろうとして築いていった文化であり、そのこと抜きには今の私もないということに気がつきます。

私が、これまで障碍者としてたどってきた経験は、期せずして大きな歴史の変わり目に触れてきたのかもしれません。私が関わった日本の障碍者解放運動は、西洋合理主義的に、障碍者福祉に対する社会対策面での改善を求めるというだけでなく、むしろ、人間一人一人の意識・価値観を問題にするという、非常に人間の本質にせまる問題の立て方をしていました。そしてその中で、ボランティアによる無償の介護によって重度障碍者の自立生活を支える、という試みを実現させ、それを梃子《てこ》にして「障碍者と健常者が対等に共存できる社会」を呼びかけてきたのです。

その後、欧米からノーマライゼーションや有料介護の思想が入ってくる中で、今でこそ、障碍者が介護者になにがしかのお金を払えるように、自立障碍者に介護者手当を支給する自治体も多くなっていますが、それもまだ、二十四時間介護を支えるにはとても十分とはいえません。今でも、日本の介護が基本的には、介護を必要とする障碍者と、それに応えようとするボランティアとの私的な関係性に支えられていることに変わりはないのです。お金が支払われるから介護に行く、ではなく、まったく一般の人を巻き込んで、これまで多くの重度障碍者がそれぞれの自立生活を創ってきたという事実は、すごいことだと思います。

これは、他の国では例をみない展開なのではないでしょうか。日本の障碍者のつくってきた歴史は、「日本的助けあい」の土壌の上に新しい思想が育まれていくという、きわめて東洋的な環境ゆえに可能になったものではないかという気がします。それは、強者から押しつけられたものではなく、まさしくそこで生活するものが自分の場でつくり上げた、底力的・草の根的なパワーなのです。これは、今の日本でのたしかな事実として、自信をもっていいことだと思います。

道は続いています。その延長線上に劇団「態変」もあるのです。なにも今、昔私がやっていた運動と同じことをする必要はありません。私たちが声を上げる以前から道は続いていたのです。健常者と障碍者との関係を問い続ける、その不断の過程の上にこそ、劇団「態変」という、障碍者の存在を芸術にまで昇華させようという集団が生まれてくることができたのだといえます。

「劇団『態変』はどうしてこんな舞台をつくるようになったのですか?」という質問によくあいます。私にも、どうしてこのような表現の形になったのか、一言では説明がつきません。今の自分のやっていることは、大きな歴史の流れを捉えることなしには、説明がつかないのです。それは、母が日本に渡ってきたころの、まだ南と北に分かれていなかった、一つの国朝鮮、そこからはじまっている道ともいえるのでしょう。

私が生きていく中で一番興味のあることは、「人間の本質はどこにあるんだろう?」ということです。障碍者として、さまざまな経験をするたびに、私はずっとそれを問いかけてきましたし、これからもそれを探究していくために、「態変」という身体表現の舞台があるように思います。そして、今回のように文章で自分のたどってきた道をふり返ることが必要な時期に、いいタイミングでその機会を与えてくださった、藤本由香里さんはじめ筑摩書房の皆様に感謝し、私がたどってきた軌跡がそのまま、皆さんが同じ問いを立て、それを考えようとするときの一助になることを祈って筆をおきます。

一九九六年七月　金満里

寄稿

はじまりの風景

高橋源一郎

最初の記憶がなにだったのかはわからない。どこか漆喰の壁のようなところをずっと誰かに背負われて進んでいたこと。その風景に人の姿は見えない。寝たままずっと天井を見つめていた記憶もある。その天井の染みがなにかの形に見えたのでいつまでも眺めていたのだ。いったい幾つの頃だったのだろうか。深い青空や無数の星の記憶もある。それが最初の頃のものなのか、はっきりしない。しかし、どの記憶も、繰り返しわたしの中に現れて、いまの「わたし」を形づくっていることだけは疑いえないのだ。

母の最初の記憶は定かではない。いつも傍にいたので、記憶にすらならなかったのか。母はいつも割烹着で忙しく立ち働いていた。朝の光の下で台所でなにかをつくっている母の後ろ姿は記憶にあるが、それはいつのものだったのだろうか。

父の最初の記憶はわかっている。父が布団のすぐ横に座り左足の踝《かかと》からふくらはぎにかけて、丁寧に包帯を巻いているところだ。少しずつ巻いてゆくと、緩まぬように、キュッと締める、そしてまた巻き上げてゆく。包帯をきっちり止める小物を使うわけでもなく、ただ巻いて締めて最後に固く縛るだけで父の左足は堅固に守られることになる。そして、父はゆっくりと立ち上がる。わたしはその様子をじっと眺めている。

父は幼いころに小児マヒになり、左足の膝から下全体が、細く、ねじ曲がっていた。その歪みは、足首からつま先にまで及んで、左足を真っ直ぐ地上につくことができなかった。だから、父は、上下に大きく揺れ動きながら、でも真っ直ぐ前を見て、いつも堂々と歩いていたのだった。

飛び跳ねながら、周りの世界とは異なった動きをしながら、それでも、その人は、他の誰よりも胸を張って、前だけを見て歩いていた。

幼いわたしは、どんな気持ちで、父の姿を眺めていたのだろう。おそらくは、生まれてからずっとその様子を見つめていたので「それが父のふつう」だと思っていたのだろう。父と歩いていると、通りがかりの人びとは、怪訝《けげん》な、あるいは、目をそむけるような様子を見せるのだった。見てはいけないものを見てしまったときの反応だった。その「見てはいけないもの」に手をつながれて歩く子どものことはどう思ったろう。目に入らなかったのか、あるいは、なんとなく気の毒にと思ったかもしれない。

身体、あるいは、身体以外に障碍のある人に会っても、ほんとうのところあまり驚かず、どちらかというなら、その「障碍」の向こうにある、別のなにかの方に気持ちが向いてしまうのは、たぶん、父を見ていたからだと思う。いや、その別のなにかに気持ちが向きながら、同時に、その「障碍」のあり方を、どこか親愛の気持ちに似たものを感じながら、見てしまうのも、父がいたからなのだった。

父が亡くなって二十五年以上が過ぎた。けれども、父はわたしの中に、ずっと住んでいる。そんな気がするのである。そして、その父は、まずゆっくりと包帯を巻き、わたしはその様子を飽きずに眺め、その動作のすべてがなにかの儀式のように美しいと思い、ちょっと触っていいと聞くと、父はいいよといって触らせてくれて、わたしはその曲がった足を包帯越しに触り、父に触っていると感じて、しばらくして、もう包帯は巻き終わって、父は立ち上がり、わたしに手を差し伸べて、引っ張り起こしてくれようとしている、そんな父は他の人たちとはちがうことは幼いわたしにもわかって、そのちがうということがなんだかとてもいいこと、いや誇らしいこと、他にもっといいことばがあればいいのだが、そういうものに思えて、その父が好きだったことが、わたしの中にずっと残っている。ずっと残っていて、わたしというものの一部になってしまっている。そう思うのである。

金満里さんと最初に会い、彼女の劇団の舞台を見て途方もなく大きな衝撃を受けた。そのことはすでに書いたことがある。そして、彼女の劇がこの世界にもたらした意味についても。さらに深く、それらについて論じることにも大きな意味があるだろう。けれども、ここでは、金満里の「はじまりの風景」について考えてみたい。そもそも、この本のタイトルは「生きることのはじまり」だったのだから。

金満里の舞台を見たとき「途方もなく大きな衝撃を受けた」と書いた。それは事実だが、その衝撃の中身は一色ではない。その中には、「懐かしさ」のようなものも混じっていたような気がする。そう、父のことだ。わたしは、目の前の風景を少しだけ知っているような気がした。知っていて、忘れてしまっていたような気がした。いや、忘れようとしていたのだ。それに気づいた時、わたしは、わたしの「はじまりの記憶」の場所に戻っていたのである。

私は三歳のときに突然、小児マヒに罹り障碍児になった。母親にとっては青天の霹靂のような出来事だっただろう。しかし、私にとってはここからが私としての自意識のある人生である。それ以前の記憶はもちろんなく、それまでは母の思い出の中にしか自分はいないような気がする。とにかく、この障碍者になったときの記憶さえ私にはない。

（中略）

それから私は四年間も阪大病院に入院することになるのだが、病院での生活といえばやはり、十二歳違いの姉とのつながりに触れずにはいられない……入院生活になると、その姉が付き添って一緒に病院に入った。私の記憶は、この姉といつも一緒だったところからはじまる。私たちの住居は阪大病院の個室となり、姉と私は身を寄せあうようにして暮らしていた……私の記憶では、一度だけ姉がセーラー服を着て、なんだか夜明けのような薄暗い中に消えていった覚えがある。その姉のセーラー服姿が妙にきらきらしていて、また、夜明けのような薄暗さの中で姉が別人のようで、不安な気持ちになったのを、遠い記憶の底で覚えている……とにかく私は姉とは、いつも一緒の双児のようにして育った。そして姉は、あの辛い阪大病院の生活をひたすら支えてくれた……もし私の記憶通りだとすれば、胸にカラシを塗られ、すごくひりひりと苦しかったのを覚えている。そして皆が心配そうに覗きこんでいるのである……次に出てくるのが、自分が一生懸命坐ろうとしている記憶である。そして自力で坐れたというので周囲ともども大喜びしているのだ。ということは、私はそれまでは寝たきりに近かったということである……私は覚えていないが、母の弁によると、「はじめのうちは『まりちゃん(自分のことを私はそう呼んでいた)、いつになったら歩けるの？』と聞いていたが、それも後は言わなくなった」らしい。やはり小児マヒになったばかりのころは、歩いていたことがあたりまえだったのかもしれない。しかし、入院生活の中でそれはどんどん薄らいでいく。

これが金満里さんの「はじまりの風景」だ。「家」ではない場所で「親」ではない肉親といること。そして、自分がどんなふうに「障碍」を背負うようになったのかは、その風景の中にはない。それは、「はじまりの前の風景」の中に消え去っていたのである。

小学校一年のとき、父の会社が倒産し、わたしたち家族は夜逃げをして大阪から上京した。そのときの記憶も断片的だ。父は仕事につかず、母が夜の勤めについて、わたしたちはなんとか暮らしていた。父が家にいることはなく、母も夜はずっと家にいなかった。だから、わたしは三歳年下の弟といつも家で待っていた。家にはテレビもラジオも玩具も本もなく、だから、わたしたちは、空きビンや空き缶といったゴミたちをなにかに見立てて遊んだ。画用紙は高かったのでもっと安い模造紙に、すっかりちびたクレヨンで、わたしが絵を描きお話を考えだし紙芝居のようなものをつくって、毎夜、弟に話すのだった。服を着たまま眠ってしまい、深夜帰宅した母に起こされることもあった。ある夜、そうやって出来立てのお話をしていると、突然停電になった。子どものわたしにはどうすればいいのかもわからず、だから、そのまま、まっくらな闇の中でじっと、弟とふたりからだをくっつけて、贋《にせ》の玩具で遊ぶこともおんぼろの紙芝居を上演することもできず、ただ待っていたのだった。わたしたちは待った。いつしか時間の感覚も失せ、もうずっと長い間待ちつづけていたような気がした。もしかしたら、母は戻って来ないのではないか、と思った。父のことはとうに忘れていた。わたしたちは捨てられたのだ。なぜかわからないが、そのことが頭から離れなかった。その夜の闇は、生涯でいちばん深い闇だった。それは、わたしがそこから来た「闇」だった。

金満里さんも、そこからやって来たのだ。「そこ」とはどこなのか、それを正確に名指すことはできない。わたしたちはみんな「そこ」からやって来る。そして、そのことを忘れる。もしかしたら、忘れることで、社会や世界に入っていくことができるのかもしれない。けれども、時がたち、その場に立ち止まり、いったい自分はなにをしてきたのだろう、と思った瞬間、振り返るのである。自分がやって来た場所のある方向を。

読者は、この本を読み、深く震撼させられるだろう。ここには想像を絶するような、自分にはとても耐えられないと思えるようなエピソードが詰め込まれ、語り手の金満里さんは、臆することなく、そのすべての対象に立ち向かっているからである。そして、読者は、このような過酷な体験を経て、なお人は、絶望せずに生きてゆくことができるのか、と。いや、なぜ、このような前例のない道を進んで、前へ前へと進もうと思うことができるのか、と。そう考えるだろう。

だが、そうではないのだ。

この本の中には、「施設の不備のため」に死んでいった友達が哀惜の念と共に追想されている。だが、わたしたちの周りに、なにかの不備のために、深く傷つき立ち直れなかったものはいなかっただろうか。だとするなら、わたしたちも同じなのだ。

本の中で、障碍児たちは「徹頭徹尾」「障碍の重い軽いでランクづけされ、それがその後の進路にもつながっている」。だが、私たちもみんな、「徹頭徹尾」ランクづけされて生きてゆかねばならないのではないだろうか。

金満里さんは、「在日朝鮮人」だ。それは「母国朝鮮・韓国」から切り離され、同時に、日本という国家からも切り離された「間」の存在だ。

金満里さんは、CP（脳性マヒ患者）ほどには障碍が重いとされず（そんなことはないのだが）、もちろん「健常者」でもない。やはり「間」の存在だ。

だが、わたしたちは、みんなほんとうのところ「間」の存在ではないのか。「誕生」から「死」へ向かう時の回廊、その束の「間」に住む住人ではないか。ほとんどの人間は、「金持ち」でも極度の「貧困」でもない、その「間」にぼんやり生きているのではないか。格別の才能の持ち主でもなく、かといって絶望のあまり死んでしまうわけでもない。その「間」にあって、ただ日々を過ごしているのではないか。そもそも、人間とは、「人」と「人」の「間」、なにかの「間」を生きる運命を持つ存在なのではないか。

わたしたちは、金満里という存在を、この本の中に見つける。金満里さんは、特別に与えられた身体を持って、世界に入りこんでゆく。そして、その世界で、自由と自立を求めて戦う。その戦いの記録がこの本だ。この世界という舞台で戦う金滿里さん。わたしたち読者は、この本の頁を開きながら、その戦いの観客となる。だが、この舞台と観客席は、どんな劇よりもはっきりと分けられ、行き来することができないものなのだろうか。わたしたちは、ただ見ることしかできないのか。

絶対にそうではない。そうであるわけがない。

これは「生きること」の物語なのだ。だとするなら、「生きること」から逃れられる観客などいるわけがないのだ。

わたしたちは世界がどうなっているのか見ることができない。だとするなら、わたしたちは「見る」ことの障碍者だ。

わたしたちは世界が勝手に決めていること、その決定に参加することができない。そう思わせられている。だとするなら、わたしたちは「決定する」ことの障碍者だ。その障碍者であることに甘んじているのだ。

わたしたちはみんな年をとる。年をとって身体は動かなくなる。そのとき、わたしたちはみんな障碍者になる。あるいは、ずっと障碍を持っていたことに気づくのである。

だから、これはわたしたちみんなの物語なのだ。わたしたちが生きてきた「風景」が必ず、「そこ」にある。「そこ」からわたしたちがやって来た場所。それが、この本の中にはあるのだ。わたしは、それを見つけた。

みなさんも見つけてほしい。見つかるはずである。そのつもりがあるなら。

たかはし・げんいちろう　一九五一年広島県生まれ、作家。一九八一年『さようなら、ギャングたち』で群像新人長編小説賞優秀作を受賞してデビュー。『優雅で感傷的な日本野球』で三島由紀夫賞、『日本文学盛衰史』で伊藤整文学賞、『さよならクリストファー・ロビン』で谷崎潤一郎賞を受賞。著書に、『弱さの思想』『「雑」の思想』『「あいだ」の思想』『ぼくらの民主主義なんだぜ』『「ことば」に殺される前に』『一〇一年目の孤独』など多数。

天地《あめつち》とのインプロビゼーション　金満里さんのこと

藤本由香里

初めて金満里さんと態変の舞台を観たのは、一九九四年、舞踏家の大野一雄さんとのコラボレーションで行われた「山が動く」だったと思う。観ておくべき舞台だと、慶応大学湘南藤沢キャンパスの金子郁容《いくよう》先生にお誘いいただいたのである。たしか、筑摩書房の編集者だった私に、「ぜひ本をつくるといいよ」というお話だったように記憶している。

当時、大野一雄さんは八十八歳で、「もうすぐ九十歳の舞踏家」として、日本国内でちょっとしたブームが巻き起こっていた。それまでの大野さんは海外で高く評価され、海外公演が中心だったので、その頃の国内での熱狂ぶりは、大野一雄の全盛期と言っても過言ではなかったかもしれない。舞台好きの私は（芝居・ミュージカル・ダンス・能・歌舞伎・オペラ……何でも観る）、大野一雄さんの舞台はそれまでにも観ていたが、態変とのコラボレーションは、また新たな衝撃であった。

役者は全員障碍者、しかも重度の障碍者。その多様な身体が、身体の線がはっきりと出るカラフルな色のレオタードに身を包み、舞台の上で動く。歩くこともできない人が多いから、ごろごろと舞台に転がり出てくるか、黒子である介助者に抱きかかえられて登場する。けいれんに近い動きもあれば、うごめくに近い動きもある。とにかく見たことのない独特の動きが重なりあって舞台を作っていく。こんなにまじまじと多様な障碍者の身体を見たことがないということもあるが、とにかくその動きから目が離せない。しかも、それぞれ勝手にうごめいているようにも見えながら、そこには明確な演出の意図があり、変化を繰り返しながら終盤に向かっていく。

初回から「やられた」という感じだった。その後、「色は臭へど」や「夢みる奇想天外（ウェルウィッチア）」などをビデオで観るなどして、私はますます態変の舞台に魅了されていく。とくに布と照明の使い方がみごとな「夢みる奇想天外」は大好きで、今はYouTubeで観ることができるから、未見の方はぜひ観てほしい。[*1]

そこから、金滿里さんと一緒にこの本『生きることのはじまり』を作っていくことになるのだが、最初は、金滿里さんと岸田美智子さんの編著で、二十一人の脳性まひ、進行性筋ジストロフィー、ポリオなど重度の障碍をもつ女たちの生と性を語った『私は女』（長征社、初版一九八四年／新版一九九五年）などの文章を見せてもらい、自伝として単行本にすることを考えていた。

当時見せていただいた、小さい字でびっしり書かれた自伝の下書きの文章が忘れられない。私から「本を出しましょう」という話が来る前に、金さんが少しずつ書き溜めたものだった。それは、単に自伝的な事実を書き綴っていくというより、意識のありようの記憶とでもいったもので、具体的に何が書いてあったかを記すことはできないのだが、とにかく密度の濃い、「文学」としかいいようのない凄い文章だった。

これを読んでもらった時、社内で私が心から尊敬していた女性編集者の先輩が、「これは本物よ。これを読んで本物と認めない人は筑摩の編集部にはいない」と言ったことをよく覚えている。この文章を世に出したい思いは現在も私の中にある。

だが、とにかく密度の濃い文章であったため、この密度を維持しつつ単行本にまで仕上げるためには、何年かかるかわからない。十年たっても仕上がらないかもしれない。それなら——と、考えたのが、十代の読者向けの「ちくまプリマーブックス」の一冊として世に送り出したらどうか、という案だった。

この目論見はうまくいき、それから二年後の一九九六年、「ちくまプリマーブックス」の一冊として出版されたのが本書『生きることのはじまり』である。

最初の頃は方針が定まらず、もたもたしていた記憶があるのだが、書下ろしで企画の開始から二年で出版できているのなら、それは順調と言ってよい。たしかに原稿そのものは順調に届いていた記憶がある。その前に金さんからある程度の話は聞いていたとはいえ、原稿が届いて読むたびに、発見と驚きの連続であった。

第一章冒頭の、「私の生い立ちには、徹頭徹尾、普通ということが何一つない」という始まり方、そして天才少女と騒がれたお母さんの金紅《キムホン》珠《ジュ》さんに関する記述がまず印象的で、金さんが舞台を志して成功したのも「なるほどな」と思った。続いて子供の頃入れられていた障碍児施設での描写——とくに寝たきりで放りっぱなしにされていた子の「傷口に蛆がわいていた。信じられない」という看護師の声や、暖房もほとんど入らない寒い中で何時間もかけて自力で着替えさせられて死んでいった子などの描写——に驚愕した。金さん自身も書いているが、当時の障碍児施設の状況を伝える貴重な証言と思う。そうした施設の中でも、金さんがお母さんをはじめとする家族に愛され、大事にされてきたことが伝わってくる。

そして「青い芝」の障碍者解放運動を経て、自立生活へ。重度障碍者の地域での自立生活など、まだ考えられなかった時代である。この、一人ではトイレにもいけない重度障碍者である著者が家を出て自立した第一日目、北条民雄の著書『いのちの初夜』を思い出して自分を奮い立たせる場面が非常に印象的で、この章を「生きることのはじまり」と題し、本全体のタイトルとした。

その後、金満里さんは、国際障害者年をきっかけにイベントをやるようになり、劇団態変を立ち上げる。それを続けて成功させたばかりでなく、海外公演など健常者の劇団でもたいへんなのに、最初の海外公演がアフリカのケニア。一人一人が介護者必須の重度障碍者ばかりの団員を引き連れての公演である。しかも劇団立ち上げの初期に子供まで産んで育てている、というのはもう、驚愕以外のなにものでもない。

この本を「ちくまプリマーブックス」の会議に出した時、同じく舞台好きの後輩編集者が、「劇団態変は私も気になっていたんですよ。でも、会いに行くのが怖くて。藤本さんがやってくれるならよかった」と言っていたのを思い出す。

たしかに、本書にも出てくる「青い芝」の激烈な運動原理などをなまじ知っていると、健常者の自分がのこのこ行ったら、糾弾されて終わるのではないか、と怯えるのもわからないわけではない。しかしこれまで、何十年か金滿里さんとつきあってきて、怖いと思ったことは一度もない(一方、たとえば上野千鶴子さんは、いまだに怖いと思うことが何度かある)。金さんはもちろん強烈な個性を持っているには違いないが、怖いというよりむしろ、私の中では茶目っ気のある人である。思い出されるのはいつも、茶目っ気を含んだ、くるくるッと動く大きな目。「ほうなんか」という笑い。懐の深い人なのだ。

片方で、人を巻き込む力がすごい。べつに凄みをきかせるわけではないのに、いつのまにか「これできへんか?」という問いに自然に、「できます。やります」と答えている。呼吸、なのだろうか。有無を言わせず、という感じでもないのに、自然に「できます。やります」と答える自分が、考えてみると不思議だ。

その流れで、これまで何回か、態変の上演を手伝ってきた。いつのまにか手伝っているのだ。

態変の上演リストを遡ると一九九五年の上演なので、本を作っていた最中ということになるが、いつもは新宿の小劇場タイニイアリスでの公演が多いのに、東京国際舞台芸術フェスティバル'95の一環として池袋の東京芸術劇場という大きな劇場で、態変の舞台「ダ・キ・シ・メ・タイ!!」が上演されたことがあった。そのために、金さんから広報を手伝ってほしいと声をかけられた何人かが、神楽坂の、たしかライターの松永もうこさんたちが共同で借りていた家に集まって、何度か打ち合わせをしたことを覚えている。その頃、新宿区戸山の近くに住んでいた私は、戸山にある障害者福祉センターに上演チラシを置いてくれるようにお願いして回ったものだ。友人の伝手《つて》で新聞社にもお願いして、たしか読売新聞だったと思うが、大きな記事を出していただいた。

結果は大成功で、東京芸術劇場は連日満員だったと記憶する。ただ、大きな劇場となると、態変の舞台を多少誤解して受け取った人もいたようだ。私も何人かの知人に声をかけたのだが、なかには、舞台のあと大泣きしてしまった人もいた。もちろん態変の舞台に純粋に芸術として感動して、という可能性もあると思うが、どうも「こんなに障碍の重い人たちが、こんなに頑張って……」という受け止め方をしてしまった人もいたように思う。金さんも、知人から泣きながら話しかけられて、あとで頭を振りながら、「なんか誤解してはるんとちゃうかなあ」と言っていた。

言うまでもないことだが、態変の舞台は、「こんなに障碍の重い人たちが、こんなに頑張って……」というところからは一線を画す。なにより舞台として一級品なのだ。「劇団態変」と銘打ってはいたが（四十周年を機に「劇団」の名称が外れ、シンプルに「態変」となった）、その舞台は演劇というよりは、舞踏やコンテンポラリーダンスに近い。

実際、「ダ・キ・シ・メ・タイ!!」で声をかけたのだったか、その後の公演に誘ったのだったかは忘れたが、態変の公演に最もビビッドな反応を見せたのは、舞踊関係の友人たちだった。なかでもダンス評論家としても有名な尼ヶ崎彬《あまがさきあきら》さんや貫成人《ぬきしげと》さんといった人たちは、態変の舞台に夢中になり、その後、一九九七年、エジンバラのフリンジ公演の流れで、スイスのベルンで行われた態変の海外公演にも同席している。この公演は、第十一回ベルナー・タンツターゲ招聘《しょうへい》公演として行われたものので、この招聘自体にも貫成人さんがかかわっていたように思う。

終演後、歓声が鳴りやまず、「『今日、ベルンで革命が起こった』と言われたんだよ！」と、興奮して語る貫さんの声が思い出される。貫さんも尼ヶ崎さんも「タンツテアター」（ダンス演劇）として知られるドイツの振付家、ピナ・バウシュの熱狂的なファンで、態変のスイス・ベルンでのこの公演も、ドイツ語圏でのものである。ピナ・バウシュやノイマイヤーなどの優れたダンス表現に親しんだ観客たちにとって、態変の表現は斬新で、身体表現の新しい地平を拓《ひら》くものと受け止められただろう。

もちろん態変の身体表現は、多くはバレエを基礎とした技術に裏打ちされ、予《あらかじ》め決められた振付があるコンテンポラリーダンスともまた違うものである。それは、「踊りとはテクニックを見せるものではない。命と命のやりとり」であると言った大野一雄の舞踊観により近い。[*2]それほど、態変の身体表現は根源的である。

初めて態変の公演を観た時、皆、基本的には演劇やダンスは素人のはずなのに、下手な人がいない、ことに気づかされた。「下手」とは、多くの場合、役者が「素」になってしまっている場合が多い。TVで有名な俳優でも、舞台では「坐っているだけで下手」な場合がある。見せる演技になっていない、日常の素のままで緊張感がない、ということだ。しかし、態変の舞台には、初めて舞台に出る役者にもそれがない。もちろん障碍者の肉体そのものの持つインパクト、というのはある。また、健常者の動きではありえない、思いもかけないところから腕が伸びたり、足が伸びたりする、ということの孕《はら》む驚きもある。だが、それだけではない。しばらく見ていて気がついた。障碍者にとっては日常の動きが緊張の連続なのだ。不随意運動を日常的に制御しながら動かなければならない、あるいは両腕がないために足腰だけで常にバランスを支えなければならない……etc. etc. だから態変の舞台では、たとえ初舞台であっても、「緊張感のない動き」というものがまず存在しない。しかもそれらの役者の動きを、金満里さんの演出が統御し、終盤に向かって収斂《しゅうれん》させていく。

何度か、態変の舞台稽古を見たことがあるが、態変の舞台では音楽も素晴らしい。そして基本的にすべて生演奏である。いつだったか、おおまかな流れは決めてあるが、音楽が基本的に即興であると聞いて驚いたことがある。音楽も即興なら、役者の動きも、基本の流れはあるが即興である。たとえ事前に動きを決めておいたとしても、障碍者の身体はその通りには動かない。つまり、態変の舞台は、一流のジャズ演奏者によるインプロビゼーションと同じく、日常の動きとして絶えざる訓練を続ける役者たちによる、インプロビゼーションなのだ。

忘れ難い舞台がある。一九九五年、京都は法然院での態変の舞台、「霊舞～emergence 1」。

たしか法然院の三方開いた座敷と、庭も使ってのパフォーマンスであったと記憶する。法然院の中で次々と演じる場所が変わっていき、観客も誘導に従って移動する。クライマックスが、方丈の座敷の広縁とその向こうの方丈庭園。奇跡はそこで起こった。のたうつ黒い姿を絡めとるべく投げられた赤い紐。その時、サーッと雨が降りはじめ、庭で演技する身体が濡れそぼっていく。演技が終盤にかかると、降り始めた時と同じく突然雨は止み、雲が割れて日の光が差し込んできた。ちょうど終幕の時である。天地とのインプロビゼーション。二度と観られない舞台。奇跡としかいいようがなかった。

私の記憶はすでに朧《おぼろ》であるが、この時のことを芥川賞作家の高城修三さんがネットの記事に書かれているので、詳しくはそちらを参照してほしい。[*3]高城さんもまた、「身体の動きが十全であればあるほど、肉体はその究極の地点をめざして練度をより高めなければならない」と書かれているのが印象的だ。逆に言えば「身体の動きが十全でない」態変の役者たちの、日常的に訓練されたといっていい身体の練度は、天地とのインプロビゼーションを引き起こすほどであったということだろう。

『生きることのはじまり』(一九九六年)を上梓してから、すでに二十五年以上がたつ。私が筑摩書房を離れ、明治大学国際日本学部で専任として教えるようになってから、はや十六年となった。態変は二〇二三年で創立四十周年だという。ほぼ重度の身体障碍者だけでつくる劇団が四十年以上続くというのは、ほんとうにすごいことだ。しかも金さんは今年七十一歳、私より年上なのである。

おそらく、大野一雄さんが百歳を超えても踊り続けたように、金満里さんもこれから長く踊り続けていくことだろう。これから先もたくさんの奇跡（じつはそれも日常の鍛錬の賜物なのだが）と革命を見せてくれることを願ってやまない。

＊1　態変／『夢みる奇想天外（ウェルウィッチア）』（https://www.youtube.com/watch?v=gN4HjIC9zME）

＊2　正確には、「踊りというのはそれぞれの個性があって、それぞれ一人一人の考えが皆違う。テクニックを見せるものではない。命と命のやりとり」。（NHKアーカイブス／「大野一雄」https://www2.nhk.or.jp/archives/articles/?id=D0009250257_00000）

＊3　法然院サンガ／「霊舞」『態変』の法然院公演（http://www.honen-in.jp/N-0000-J.html）

ふじもと・ゆかり　明治大学国際日本学部教授。専門は「漫画文化論」「ジェンダーと表象」。二〇〇七年まで筑摩書房で編集者として働くかたわら、コミック・セクシュアリティなどを中心に評論活動を行う。二〇〇八年より明治大学へ。主な著書に『私の居場所はどこにあるの？』、『少女まんが魂』、『愛情評論』等。近著に『きわきわ』がある。

降りそそぐ大地
からの噴射を獲ら
まえて放つ

新装復刻版あとがきに変えて

金満里

『生きることのはじまり』が世に出て28年。一旦は絶版となったこの本に存在意義ありと、今回、人々舎の樋口さんから、復刻本にしたいというお申し入れをいただけ喜びで一杯です。

著者としてこの本の重要な要素は3つあると考えます。

①　障碍児収容施設を、中にいた障碍者自身の視点で書いたこと
②　金紅珠《キムホンジュ》という人物のこと
③　態変で展開した私の身体表現芸術について書いたこと

①

本書は、私の施設時代を重要な点として特別に詳しく書き起こせたことが、大事な意味を持つと考えます。

子ども心にとってあまりにも強烈な体験を、なぜそこにのみこまれず、特殊な体験として鮮明に記憶し書き残せたかと考えると、それは文中にも出て来る、私の在日コリアンであることへの自意識、そして〈普通、ということが徹頭徹尾、無い〉という自己存在があります。その大きな要因は、韓国古典芸能家・金紅珠の子として生まれ、知らず知らずの内に芸術的な視点を身に付けていたのが大きいと今にして思います。自己存在についての自意識は、〈一番の真実はなにか〉という命題に私を導くものでした。それを無意識にでも、芸術の視点で洞察することだったのかも知れない。親から与えられた芸術の環境を、重度障碍者になるといった後天的条件で、一旦剝ぎ取って障碍という異端の目で研ぎ澄ませ、施設という非人間的な過酷条件を冷徹に分析し記録できたのだと思います。

　加えて、施設を出て26年後というまだ収容体験から遠くない時期に本書で記録できたことが大きいと思います。

　施設に居た者として、当時に感受した心理を詳細に描写することに拘《こだわ》って書かねばならない。それがこの本を執筆する使命だというぐらいに思いました。この本は２０２０年に韓国で翻訳出版されましたが、出版企画者から「韓国でも、ここまで施設の実態について収容された障碍者自身から書かれた本はなく、とてもきつい内容の本です」と聞かされました。私は子どものころに体験したありのままを嘘のない文で綴ろうとしたまでで、きつい文章で人を驚かせようと思って書いたわけでは決してなかったのですが、しかしそこまでの掘り下げを施設体験者が行なったからこそ、この体験が特殊に終わらず、人間の心の問題に流れる普遍的なエゴの持つ残忍さであったり、だからこそ希求する希望であったりという、魂の在《あ》り処《か》を指し示すものとして書き記すことができたと思うのです。

ですから、この本は過去のものにしては駄目だと思っていました。本書が、必要な人にいつでも手に届くところにあらねばならないとずっと復刻を願っていましたので、ようやく息を吹き返せると安堵しました。

②

母・金紅珠は1998年3月18日、86歳でこの世を去りました。大往生でした。

以前にどこかにさりげなく入れていた、〈金紅珠の足跡を調べ書いてくれるライターがいないか〉という一文に呼応して、母が亡くなったその年の暮れに、金紅珠の足跡を調べまとめようというフリーライターが現れました。

彼女の調査によって、母の死後に、私が本書で書いた母親像が一変する事実が判明しました。

母は一人目の夫のことも夫と自分の関わりのこともあまり語ってこなかったのですが、夫・黄熊度《ファンウンド》は母と結婚した郷里・固城《コソン》で、当時の日本帝国の植民地支配から朝鮮を独立させようとする正真正銘の活動家だったのです。それを母は経済的に支えたわけです。芸妓《げいぎ》組合が作られ、そこで芸を教える教師をして稼いでいました。

夫の黄熊度は、1933年に独立運動を盛り上げる企画として、妻の金紅珠を表に立てて演舞会を行ないます。そこに日本と朝鮮にまたがり当時名を馳せた舞踊家・崔承喜《チエスンヒ》を呼び、固城中の人を広場に集め、最後に命懸けで独立を訴えるビラを撒いたのです。このことで、主催した黄熊度はじめ関わった活動家たちは日本の警察に一斉検挙され、固城の歴史に残る大事件となりました。それが切っ掛けで黄態度は出獄後固城に住めなくなり日本に渡り、妻の金紅珠を日本に呼び寄せ暮らすことになりました。しかし金紅珠からすると、どうもこれは積極的な共闘ではなく、本当に政治的な意識は全くなく、その芸でもって母の父親からもそうであったようにここでも夫の道具でしかなく、「言われたからそうした」程度の、家父長制度での女の役割であったとみられます。ですのでこの大事件でも、母の直接関与はないとのことで、日本の警察からのお咎《とが》めはなかったようです。

母は、このことは日本で育った私たち子どもたちへは、本書に書いたように、「万歳《マンセイ》運動で一度演説しただけで、逮捕された」ぐらいにしか語っておらず、独立運動の筋金入りの活動家だったとは語ってこなかったので、亡くなってから知った私は青天の霹靂《へきれき》でしかありませんでした。

しかし、本書で書いた母の要所要所での反応にようやくうなずけます。私が運動を始めたときにカンパ活動へ行くことに理解を示したことや、自立をすると決めたときの私の家出を前にしての言葉と、運動を辞めたときの「運動はやった方がいい」という母の言葉の投げかけに、深い意味があったのだと感慨深いものがあります。

その詳細については調べ上げているフリーライターのまとめに委ねることにし、ここではこれ以上は触れません。ですが、これだけは付け加えると、独立運動の志士・黄態度について当時の新聞で多く記事が出てきます。しかし芸能に貢献し歴史に翻弄された金紅珠の名は、全く資料となる記事や記録が出てきません。女の存在が如《い》何《か》に軽んじられ、歴史から抹殺され続けてきたかを思い知らされます。金紅珠の生きた歴史が、日本人のライターの手でまとめられ世に出されると、また新たな韓国と日本の歴史的事実が解き明かされ、素晴らしい架け橋となることでしょう。早くそうなることを願ってやみません。

③

この本を出してからの28年間の、私の態変での芸術活動の展開を述べておきます。すべてを語り出すと一冊の本になるぐらいを要点だけ絞りますが、それでも長文になります。お付き合いください。

後に師となる大野一雄と出会う

1992年9月ケニア公演ツアーより帰国したすぐ後に、凄い話が飛び込んできました。世界に名の知れた舞踏家・大野一雄さんと、故・土方巽の奥さんで自身も踊り手である元藤燁子さんと態変の私、の3名で行なうワークショップです。1993年6月に東京で開催されたそれに、私は態変メンバーを連れ馳せ参じ、身体表現指導をしました。

それがご縁で、大野一雄さんと態変とのコラボレーションを関西で、1994年5月『山が動く』、1996年1月『宇宙と遊ぶ』を企画することになります。世界中に舞踏を知らしめ多くの人々に感動を与えた、魂の舞踏家といわれた大野一雄さんとの長いお付き合いがはじまりました。舞踏を全く知らなかった時分から、私は、態変の重度の身体表現は、健常者の形の模倣ではできないので、魂から立ち上がってくる表現でないといけないと思っていました。なので、大野さんと出会うまでの10年間、孤軍奮闘の満身創痍《まんしんそうい》感で臨んでいたところがありました。それが、大野一雄さんの舞踏に出会い、自分が求めているものを実現している先人がいたことに、芸術への確信を得て、救われるような思いでした。

『**Heavenly Forest**（天国の森）』 野外パフォーマンス
ウフルパーク（ケニア・ナイロビ） 1992年9月

『**宇宙と遊ぶ**』 劇団態変&大野一雄コラボレーション
伊丹アイホール（兵庫・伊丹） 1996年1月

欧州公演展開

本書の末尾で、エジンバラ・フェスティバル・フリンジへの海外ツアー公演に行く予定を告げています。1996年から1998年まで、3年連続で態変はこのツアー公演をしました。エジンバラ・フェスティバルは、第二次世界大戦の禍根から演劇を中心に平和の願いで集おうという呼びかけではじまり、世界中から最も多く人が集まるフェスティバルと言われます。その開催期間に、周辺でキラ星のように、様々な演目を超一流でも下手くそでも対等に繰り広げ、それを観る人が選び評判が評判を呼び、脚光を浴びることもあり得るという、他流試合のような場であるフリンジが行なわれます。お祭りを盛り上げようと街の至る所、個人の家の庭や応接間までもがアートスペースに変化し、観る人は、毎日発行される演目と会場が記載されたフリーペーパーと地図を片手に観て回る、という冒険的な面白さもあります。そこへ参加しないかという熱いお誘いを受けて乗り込んだわけです。

この挑戦の動機として、実は、ケニア公演での苦節がありました。私が態変を立ち上げた動機に、障碍者がその障碍の身体《からだ》一つあればどこでも勝負できる、という発想が大きいのですが、私のような重度身障者が舞台へ上がるには、そこには常に介護と黒子（舞台の袖中で演技補助をするスタッフ）という健常者が付いてまわる。それにまつわる現実を、私はケニア公演できつい形で味わうことになったのです。一緒に行動する健常者には、障碍者に福祉の面で関わっているか芸術の面で関わっているか、の二通りがある。誤って福祉の面だけの健常者を入れてしまうと、芸術面で大きく足を引っ張られてしまう、という痛手をケニア公演ツアー中に受けたのです。ケニア公演は成功しましたが、このことが原因で態変は空中分解の危機に見舞われました。そこからもう一度這い上がるためのエジンバラ・フェスティバル・フリンジへの参加でした。

フリンジ参加の現場は、厳しい舞台条件をクリアすることが参加団体に求められます。世界中からの幅広い層に開かれ、いろんな競合や楽しみ方を持って参加できる場ですが、どの会場も表現機会を全参加者に均等に平等に割り当てるため、ステージへの搬入・準備・後片付け・退出という、公演本体以外で設営にかかる時間を15分程で済まさなければいけない、と厳しい決まりでした。所謂《いわゆる》、福祉的障碍者への配慮ということではない、障碍者が自身で場を切り開き獲得していくことへ向かって行くなら、時間も工夫する方法で立ち向かおうと臨んだのです。ステージ環境は最低限で行なう、といったもので、楽屋も無く演じるスペースさえあれば演《や》るという精神です。あらん限りの工夫と下準備をすべてやって乗り込みました。

しかし、実際に使う劇場の状態は現場に行ってみて初めて分かるものので、初参加の『BLOOM』公演などは、劇場のランドルフ・スタジオはエレベーターなしの2階にあって、おまけに小さいステージの周りにはパフォーマーが待機できるスペースはない状態で、その外に5段ぐらいの階段があるだけ。その狭い階段を使うしかなく、出演する寝た切りを含む7人の障碍者と4人の黒子の健常者が、息を殺しひしめき合って待機し、舞台での出入りをコントロールする、といった裏でのアクロバティックなことをやっていたのです。それほど舞台表現に賭け演ってやろうとの意気込みは凄いものがあったのです。

態変エジンバラ・フェスティバル・

『**BLOOM**』 エジンバラ・フェスティバル・フリンジ '96
ランドルフ・スタジオ（スコットランド・エジンバラ） 1996年8月

フリンジ公演は大好評を博し、狭い劇場の観客からは「ブラボー！」の声と拍手が上がりました。この期間中、現地の新聞2紙が毎日フェスティバルとフリンジ一色となり、演目が5つ星で評価され、演劇専門家のレビューが掲載されます。良い評価は翌日からの観客増に直結し、演者にとって大きな励みになります。初のフリンジで既に態変は4つ星を獲得したのです。翌年の参加から劇場は階段のない大きなところでできるようになり、評価星も常に多くレビューも良いのが出され、1997年参加作品『死霊』では、現地新聞「ザ・ステージ」に、「態変は、生きる事と芸術との垣根をすべて打ち壊してしまう」（1997年8月28日付／出典：「異文化の交差点・イマージュ」11号／52ページ／新聞記事の日本語訳より）とまで書いてもらえました。そして「態変が、フリンジに帰って来た」と新聞に載るようになり、態変のフリンジ参加は、ホームへの帰還と待たれる存在にまでなりました。

エジンバラ・フリンジ2年目の『死霊』公演の際に、その流れで私たち態変はスイス・ベルンまでツアー公演を行っています。それは正真正銘の招聘《しょうへい》公演としてでした。ベルンで毎年行なわれていたダンスフェスティバル「ベルナー・タンツターゲ」の第11回でした。ここでも凄い反響でスタンディングオベーションが鳴り止まない。主催者であったクラウディア・ロジーニがテレビ番組取材のインタビューで、「態変を呼んで正解であった。今日、ダンス界に革命が起こった」と語っています。

『死霊』
AI・HALL(兵庫・伊丹) 1997年6月

フリンジ3年目1998年は、母・金紅珠がこの年の3月にこの世を去ったことで、母へのオマージュを私のソロ作品『ウリ・オモニ』に込めて行ないました。

少し寄り道になりますが……。

母が亡くなった報《しら》せはある公演のリハーサル中に受けました。駆けつけるのも公演のための段取りを付けてから、という「芝居屋の親不孝」を地で行くドタバタだったため、実は、自分ではそれほど衝撃は受けておらず平気だと思っていたのです。しかし私に寄り添っていた彼（息子の里馬《りま》の父親）から見ると、そうとうのダメージを受けていたようで、奮い立たせねばとの苦肉の提案として、ソロ作品創りを提案してくれました。誰かに肩を押されなければ自分からソロを演じる、而《しか》も母親が亡くなったその年にその母を題材にソロを演る、とはとても思いつかなかったことです。「やろうじゃない！　これこそが母が喜ぶ弔《とむら》いのやり方じゃない！」。私は連れ合いの提案に問答無用に即快諾していたのです。

作品創りには、大野一雄さんとその作品監修をされていた息子の慶人さんに全面的に関わりをお願いし、大野一雄先生の代表作『わたしのお母さん』のタイトルをそのまま韓国語にした『ウリ・オモニ』とすることでご許可をいただき、作品の内容も監修していただきました。横浜は保土ケ谷の大野一雄舞踏研究所の稽古場へ通って御指南いただきました。『ウリ・オモニ』は、生前私と母との間にあった確執か

『ウリ・オモニ』 下北沢演劇祭参加
ザ・スズナリ（東京・下北沢） 2019年2月

ら解き放たれる途筋《みちすじ》を描いたものとして完成しました。以来お二人を私の師として先生と呼ばせていただくようになり、その後の私のソロ3作品の監修をしていただき、多大なる舞うことへの精神をいただきました。

話を戻します。

全国から多大なご支援を得て行なったケニア公演と異なり、参加経費をすべて自前で作ってのフリンジ参加は負担が大きく、3年通って終わりにしました。表現をめぐって、在野でハードにしのぎを削るフリンジという場への参加を3年続けることは、態変を単なる障碍者集団ではなく、芸術へ向かう精神において、プロの芸術集団として受け止めさせていくための修練場だったと言えます。

エジンバラで英国の演劇状況から学んだことを2つ書き留めておきます。

1 どんな小さな劇場や舞台集団でも、その活動の中心となるべき使命を〈ポリシー〉として掲げている

2 舞台に立つ俳優やダンサーは、どんな駆け出しであっても俳優組合に入らないと俳優活動をしてはいけない法律があり、それに反して出演してもさせても厳しい処分を受ける

表現芸術への社会的立場の明確さが、場としても演る側にもあるのはさすが英国で、演劇の長い歴史と労働者運動の厚い歴史が融合していることを感じました。ケニア公演で自身の甘さを痛感したことへの答えとして、どこへ出ても重度障碍ということだけでなく、裏方の健常者とタッグを組み、態変表現芸術の実現へのプロフェッショナルで行くことへの自信につながったのです。

その後2000年1月、熟考を重ねて私たちは「態変ポリシー」

を掲げました。詳細は略し標題だけですが、

1 態変は革新的な芸術を創出する
2 態変は芸術への参加を開く
3 態変は生きる糧となる芸術としてある

ケニア公演ツアー1992年からエジンバラ・フェスティバル・フリンジ最後の1998年を経て、そして態変ポリシーが出来上がる2000年までの8年をかけ、内実伴う芸術集団としてようやく整えられたのです。

『マハラバ伝説』ドイツ公演

その間にも不断なく道は開拓していき、欧州へとつながって行き

ます。

最初はドイツのテアター・ティクヴァ（theater thikwa）という、障碍者に身体表現をアプローチする健常者アーティストたちの集団との交流からはじまりました。2000年にベルリンのシアターフォーラム・クロイツベルグ（theaterforum kreuzberg）で、態変メンバーの小パフォーマンス『霊舞―FRAGIL』と、金ソロ『ウリ・オモニ』の公演。翌年9月には、ベルリンで毎年行なわれるアジア太平洋週間に関連する舞台演劇フェスティバルからの招聘がきました。私は、ナチスドイツによるユダヤ人大量虐殺（ホロコースト）の歴史を問題にすると決めました。それは障碍者からすると優生思想の最たるものとして位置付けられます。というのは、ユダヤ人のホロコーストに先立つ実験として、T4作戦という、病院や収容施設から障碍者たちを狩り出し、決められた精神病院へ運び、そこに設えられたガス室で何万人も虐殺したという、かつてのドイツの国策があったからです。それがあった地での態変公演は、そのものを問える舞台作品を演らねばいけないと考えました。

『マハラバ伝説』を、その初演をドイツ・ベルリンで迎えるべく、このときに創りました。

私を障碍者運動へ目覚めさせた「青い芝の会」のことは本書の中でも書き、この会の素晴らしい行動綱領も紹介していますが、その行動綱領の草案が練られた場所が、マハラバ村――ある和尚《おしょう》が自分の寺を脳性マヒ者との共同生活に開放したコミューン――だったのです。そのコミューンの成り立ちと崩壊を題材にし描いたフィクション作品です。この『マハラバ伝説』で態変は、台詞を全く使わず身体だけの態変表現でストーリー性を伝えるという、新たな形態に挑みました。

この公演は2001年9月26～28日でした。その前の9月11日に世界の見え方を塗り替えるような大事件が起こりました。ニューヨークのワールドトレードセンターに旅客機を突っ込ませた大惨事です。そのあおりで世界中で航空が危険視され、海外公演などはキャンセルが相次いだそうです。障碍者主体のカンパニーの態変は、そんな只中での海外公演ツアーということで心配も多くされましたが、誰

『マハラバ伝説』 Theater der Welt 2005 招聘公演
Theaterhaus T2（ドイツ・シュトゥットガルト） 2005年6月

一人リタイアを言う者はなく、それどころかこういう世界が危機的状況に否応なく巻き込まれるときこそ、引っ込んではいけない、打って出るのだ、という思いを一つにし、ベルリンへ乗り込みました。

『マハラバ伝説』は、冒頭シーンが衝撃的です。ホロコーストのガス室で殺された死体の山の中から、一命を取りとめ、「地に這いつくばって命からがら逃げて来た」という設定からはじまります。一人のパフォーマーが、〈磔《はりつけ》のイエス〉のようなポーズ（それが日常の身体である重度障碍のパフォーマーが演じた）で現れ、そのまま前へバタン！　と倒れる（これもそのパフォーマーの日常動作）。そこへ四方からまた一人、また一人と、命からがら逃げて来て、何時《いつ》しか一カ所に集まり、死体の山、を形成し、山は崩ればらけ、命からがら逃げおおせた人々が廃寺に辿り着き、人里から隠れた共同体を作っていき……という具合です。ここではストーリーには触れませんが、このようにして、重くて暗い忘れたい過去に引き戻させるようにしてはじまる『マハラバ伝説』を、ホロコースト加害国のドイツで、虐殺をやられる障碍者の側の態変舞台が、言葉を介在させず身体のみで物語が読み取れるよう提示して、観客に共感を引き出せたことは大きい意味だったと思います。

私の言うストーリー性の説明が必要です。態変の表現の要《かなめ》に、重度の身障者が演ろうとする表現、は、健常者の社会的に予《あらかじ》め決められている動作と意味の一致する動きではない、というところがあります。例えばご飯を食べる、という動作を表すのに、箸を持つ指ともう片方の手で食器を持って箸を口に運ぶ、という身振りですむところを、身障者にとって健常者と同じくはできないので、一般に通じる身振りは成立しません。このように態変は意味を説明するために身体があるのではない、ということがよく解る身体でやっているのです。そのときの態変表現は、魂が動くことと同時にある身体、が、表現であり、そこに態変は価値を置き発掘する、ということとなのです。そのようなものである一つの物語を織り成して見せようという挑戦を言っているわけです。なので逆に、言語が異なる海外において、台詞演劇だとその国の言葉に翻訳を介さなければ伝わらないのが、態変の初のストーリー性のある『マハラバ伝説』は見事にこのベルリンで伝わりました。態変の身体で演る舞台、を受け取る観客もまた身体で受け取る、ので、感じる感性だけが勝負になり、文化の違いや国境というものも取っ払っていく。このときの舞台を、ダンスの舞台ではよくある良いシーンへはその都度拍手が起こる、という嬉しい反応に出会え、終演には鳴り止まぬ拍手で終えられました。

このときの好評はドイツとのその後の縁をつなげました。2005年6月には、シュトゥットガルトで開催されたTheater der Welt 2005に招聘され、『マハラバ伝説』の再演。態変を招聘してくれた芸術監督マリー・ツィマーマンからいきなり態変へ電話がかかり、「東京に居て、ここから動けないスケジュールなのだが、是非会いたいので東京まで来れないか」とのこと。飛んで行きました。そこで彼女の言葉で、「2005年開催のテーマは、『立入禁止』だ。この意味は、至る所に張り巡らされている不可侵の領域を現す用語であり、世界共通の意匠だ。だが、今や人々の越境が日常化していて、自分もドイツ人ということになっているが、週の半分はスイスで働きもし両方を跨いでいて、なに人やどこの国に所属しているかなどはもう言えなく、意味をなさなくなっている」。これを聞いて、形こそ違え、私の持つ〈間性《あいだせい》〉という意識に共通しているものを感じたのでした。これは行かなければ！　と、ツアー公演を組むことになりました。この公演でも客席は埋め尽くされ、とりわけ終演の舞台上で味わった「ブラボー！」の歓声と共に、観客が足を踏み鳴らし地を揺るがして、怒濤《どとう》が地面から湧き起こるが如《ごと》く感激を現すやり方には驚きました。欧州のエジンバラ・スイス・ドイツでの経験は、芸術を、自分たちが日常のものとして心底楽しみ育んで必要としているという、市民のあり方を目の当たりにし浴びることができた至福感です。

欧州公演のことばかりになりましたが、国内の公演をおろそかにしていたわけではありません。ここで言いたかったことは、文化や背景を超えて、態変の革新的で前衛的な抽象身体表現が、普遍的にインパクトを与えることができたということなのです。

態変ポリシーで革新的な芸術ということを掲げた心は、障碍者という存在を否定的にしか価値付けず、はては抹殺しようとするこの社会に対し、芸術を通じてその美意識・世界観・人間観を根底から揺さぶり変化させていく、その力を芸術に持たせるには前衛的、先端的であるべきだということなのです。

芸術への参加を拓く

最初から舞台での表現をやりたいという人ではなく、「ハナから自分には舞台など関係ない」と思い生きてきた身体障碍者、それも重度な障碍で寝た切りになっている人たちの内にこそ、芸術を取り出し魂に触れることのできる荒削りな表現の真髄が宿っている、と私は考えています。そういう障碍者に会いに施設まで訪問し、身体表現ワークショップをやり表現の経験をしてもらい、出てみたいという障碍者を発掘して、稽古と本番の舞台に参加できるための条件をなんとかして創りあげていく。そういうプロジェクトとして、1999年から2001年『壺中一萬年祭』を行なうことができました。

私が自分の子ども時代に舐めた施設の中の、檻に閉じ込められながらもだからこそよけいに外の世界を希求する心は、自由に羽ばたく本当の意味を知っている。そういうものを求める施設の中の障碍者たちと出会い、ものを創っていくことは、最も本質的な芸術を創造していく現場になる。ということを、この3年間でやりました。

障碍者運動として訪れて門前払いをされた施設が、芸術では喜んで受け入れたということにも考えさせられました。施設収容は解体すべきだと考えていますが、少なくとも風穴を開けたい。力量不足で3年を超えて持続できなかったことは痛根です。ですが、これ以降の、マレーシアと韓国での大掛かりな素人の障碍者を発掘し舞台へ上げるプロジェクトへと、その精神と実践は引き継がれているターニングポイントでした。それほど、この取り組みは、ワクワクする根源的でいつでもここに戻りたい重要なものです。

一つこの関連で、私にとって大きな経験となったプロ俳優指導も記しておきます。エジンバラ・フリンジ参加の最後の劇場シアター

『壺中一萬年祭』 第2回大阪演劇祭連携企画
扇町ミュージアムスクエア（大阪・神山町） 2000年3月

ワークショップは、地域に根ざして多様性を持つ人々に開かれた表現活動を行なっていて、障碍者の劇団も立ち上げようとしていました。この劇場とはフリンジ参加を止めた後も関係が続き、態変パフォーマーが客演に呼ばれ、芸術監督を日本に招聘しワークショップを実施、そして2002年シアターワークショップ企画プロ俳優養成コースで、身体表現講師として私が招聘され9日間にわたり指導をしました。

「マレーシアに態変を創る」

2003年にマレーシアのKLPAC（クアラルンプール・パフォーミング・アーツ・センター）の運営主宰者であるジョーとファリダ夫妻が、私の指導する身体表現芸術のやり方で、マレーシア現地の障碍者たちを舞台へ上げる構想を、国際交流基金を通じて持ち込んできました。翌2004年の下見のためのクアラルンプール訪問を経て、2005~2007年「マレーシアに態変を創る」と題し、3年間に及ぶマレーシアと日本を架け橋でつなぐプロジェクトが、国際交流基金の全面的バックアップで立ち上がりました。私がマレーシア現地で施設訪問し、集まってもらった障碍者に直接態変表現について話をし、個人面談もやって、興味を持った障碍者たちから舞台出演を募るという、私が最もやりたい施設にいる障碍者を掘り起こす草の根の芸術活動を、国際レベルで行なうビッグプロジェクトが本当に起こせたのです。

具体的には、私が日本からのスタッフ一名と施設訪問を繰り返し、その人たちにオーディションを行ない、私が舞台でその人の身体を表現に高めたいという人を選出します。そして次の2年目は私の基本的な身体創りで、身体表現の演出が受けられるようになりレッスンを重ね、3年目で作品創りの稽古に入り舞台公演へ向かう、という息の長い3年間のプロジェクトです。演目は、日本の態変で行なった作品『記憶の森―塵魔王と精霊達』を改変した同じ意味のマレー語で、『記憶の森 Hutan Kenangan（フタン・クナンガン）』を2007年、マレーシアの8人の障碍者と塵魔王役を私が出演する舞台へと結実させ、大盛況、大喝采、のうちに終えられました。

マレーシアは世界の中でも多民族国家を国の方針に選んだ国です。大きくはマレー系・中華系・インド系で4大宗教があります。そういうところで多民族のそれも障碍者が、その民族のコミュニティーの囲いの中から出て来るのは大変だと最初は言われていました。しかし、重度の身障者は最底辺に置かれているということが、どの民族にあっても容易に想像できます。だから、多民族の壁を越えることも、最底辺の必然性からして機会さえあればできる、ということに確信が持てる実践が実現した凄いプロジェクトでした。

「態変韓国公演を実現する実行委員会」

２度目の韓国公演になった２０１１年『ファン・ウンド潜伏記』は、母・金紅珠の最初の夫・黄熊度を主人公に作品を創らねば、と考え２００９年に日本で上演したものです。私が母の足跡を辿る旅をすることで、母が私たち子に語らない事実があった驚きもさることながら、その語れなかった歴史を背負う夫は、日本植民地帝国の支配下にあった１９２０年当時の朝鮮で、独立を勝ち取ろうとした

『**Hutan Kenangan（記憶の森）**』
KLPAC（マレーシア・クアラルンプール） 2007年4月

『**ファン・ウンド潜伏記**』 韓国2都市ツアー
固城郡文化体育センター（韓国・固城） 2011年3月
＊慶尚南道固城はファン・ウンドの故郷

独立運動の志士だったというのが分かりました。

　その旅で知り得た黄熊度という人物に対し、脚本家として俄然興味は湧くものです。やはりこの人を作品にしたい、と朝鮮史を研究されている教授へお願いし調べていただいたのです。当時の新聞によると、黄熊度の祖国統一の活動は、故郷固城の地域の貧困にあえぐ農民の側に立って行なわれていて、多岐にわたる具体的な実践を展開していく様は目を見張るばかりで、人望厚い熱血漢の黄熊度像が浮かび上がって来ました。その物語を『ファン・ウンド潜伏記』というタイトルを付け日本で上演したのを機に、やはりこれは現地韓国で、それもどうせやるならソウルと黄熊度の故郷固城でも、と、韓国と日本とで「態変韓国公演を実現する実行委員会」を立ち上げてもらい、態変の現地巻き込みプロジェクトを韓国でもやることにしました。それは日本での『壺中一萬年祭』で施設から這い出てくるところから態変ははじまる、という取り組みが、マレーシアを経て韓国へもつながっていく壮大なものとして展開したのです。まさしく、草の根掘り起こし〜ワークショップ参加募集・オーディション・舞台の一連をプロジェクトする、態変の熱が起こす対流の渦だったのです。韓国での上演でも作品の中心は日本から乗り込んだ態変パフォーマーたちが担い、韓国で募集した障碍者たちは民衆群像のコロスとしての出演にしました。そして黒子は、大半を韓国で募集することにし、2年掛けての韓国プロジェクトにしました。

韓国では現地障碍者募集に大きく力を貸してくれた団体が2つあり、一つはノドル夜学校、もう一つはソウルCILです。健常者黒子募集に困難が予想されましたが、奇跡的にも当時活発な活動を行なっていたソウル市立青少年職業体験センター（ハジャセンター）とつなげてくれる方がいて、そこのフリースクールの高校生たちが黒子に馳せ参じ見事にやってくれたのです。

2011年3月『ファン・ウンド潜伏記』韓国2都市ツアー、ソウルをＫＯＵＳ（韓国文化の家）、固城を固城郡文化体育センターで行ないました。ソウルでのホールのＫＯＵＳ館長（当時）の陳玉燮《チンオクスプ》さんと、固城での公演の受け入れ元となっていただいた固城五広大《コソンオガンデ》の、自身も凄い舞踊家の李《イ》潤石《ユンソク》会長のご尽力が大きかったです。お二方には「金紅珠が日本で残した遺児が態変を立ち上げ芸術家として活動し、それを韓国に持ってきた、これは奇蹟だ」と、尊重していただけました。そこに韓国古典芸術の重くて深い歴史が流れていることを実感しました。

　そしてこの公演後に、古典舞踊家の朴璟琅《パクキョンラン》さんから思いもよらない申し入れがありまして、直《す》ぐに韓国ソウルでの再演というサプライズが舞い込んだのです。しかもその会場が南山国楽堂という、韓国古典芸能の生粋が演じられるホールです。このホールは伝統の建築様式で外観も内側も凄く、音響は電気を排して建物の反響を充分に活かし、国楽楽器での演奏を昔ながらの音で聴ける、舞踊も厚く演じられる、という格式の高いホールです。そんなホールで古典舞踊の流儀どおり、オール生での国楽楽器奏者の楽団をこのときの舞台のバックに付けてくれたのです。光栄の至りです。

こうしてマレーシア・韓国の一連は、実に多くの人々の勇敢な意志に支えられ、完成させることができました。

改めて感謝の念で一杯です。

金満里ソロ作品について

先に、大野一雄・慶人先生監修で、母・金紅珠がこの世を去ることが切っかけで『ウリ・オモニ』をソロ作品にできたことには触れました。それ以降のソロ作品についても触れておきます。

生涯において師として仰ぐ人が現れるとは思ってもいなかった私の人生で、大野一雄先生と出会うことで、その後〈我が師〉と言える大きな存在を、大野慶人先生（大野一雄舞踏の監修者）も加えてお二人も得られた、これは本当に幸せなことだと気づきました。

それから、大野慶人先生による監修で、ソロ作品を創り続けます。

２００５年『月下咆哮』は、大野一雄先生の「狼」と題された名シーンを、その衣装・髪型をそのままいただき、私の身体表現に翻案した形で、この作品の冒頭にさせていただきました。母性への懐疑、女の持つエゴ、純粋性、をテーマにし創りました。

２０１０年『天にもぐり地にのぼる』は、Kazuo Ohno Festival 2007「百花繚乱」に出演させていただいた際に、「九寨溝の龍」と題して創り演じた小品を、ラストにはめてふくらませた作品です。このとき、韓国古典舞踊を極めておられる金君姫《キムクニ》さんのご指導を得て、私の坐り姿勢に合わせて特別に振り付けていただいた古典の大切な演目「サルプリ」を舞いました。悪から善へと、逡巡《しゅんじゅん》する人の心を地を這いつくばる舞で表現し、飛び立つ瞬間は龍になるテーマ

『月下咆哮』
タイニイアリス（東京・新宿） 2006年12月

『天にもぐり地にのぼる』 Kazuo Ohno Festival 2007「百花繚乱」出演
神奈川県立青少年センターホール（神奈川・横浜） 2007年1月
*このときは最後のシーン「九塞溝の龍」のみの上演

で創りました。
2013年『寿ぎの宇宙』は、2011年の東日本大震災の夥《おびただ》しい犠牲者、そして2012年に態変旗揚げからの同志・福森慶之介を亡くしたことが契機でした。改めてそれまでに多く先に逝ったパフォーマーたちへ想いを馳せると、誰の姿も障碍者差別の苦しみの中にあって闘い抜いた姿を認めるのです。無念の死であったろう死者を弔い語らい、生者が傍らに常に死者を感じ祈ることで、今生きている世上も宇宙も共に解放とされねばならない、というテーマを含み創りました。死んでいった態変パフォーマーの舞台で演じる姿を人形にし、作品に登場させてもらい、〈忘れる〉ことは悪だという思いを作品にしたのです。

私のソロの舞台を創る大きな頼りとさせていただいた大野一雄先生が2010年6月1日に亡くなり、その10年後2020年1月8日に大野慶人先生も亡くなり、私は師を失ってしまいました。

監修のいない中『漆黒の赤』を私は、お二人から肩を押される想いで世に出すことになります。いよいよ独り立ちのソロ『漆黒の赤』を2022年3月に創り上げることができました。

黒のユニタードで、上手袖から飛び出すようにして転がり出すのと合わせ、津軽三味線の激しい旋律とが絡み合う。それが冒頭シーンにあります。終わりは、アフリカの大地溝帯を表現する美術を所望し、天井から幾重にも襞《ひだ》を作りながら垂れ広がる布と、天井と床を

『寿ぎの宇宙』
メタモルホール（大阪・西淡路） 2023年5月

つなぐ4本の柱のような和紙の書《しょ》、そこには現代書道で「一」が夥しく書かれている。その奥から私が赤いユニタードで寝返りながらもぞもぞと頭から出て、何か生命以前の萌芽《ほうが》から縦横無尽にそれらの中を転げまくり、何処《どこ》かへと飛翔するところで照明をカット暗転で消える。これは、慶人先生がいつも監修されていた、身体一つのみで凝らし凝視させる微細な動きと、態変舞台で多く使う舞台美術も身体性として一体化させ創る、その両方の創り方を一つに統合したと言えます。冒頭の津軽三味線を蝦名宇摩《えびなうま》、一の書を華雪《かせつ》、と女性アーティストが大きく力を発揮してくれ、女の凄みとして私は良いものができたと思っています。本作品は生命の起源以前を、丁度ウクライナへのロシア侵攻がはじまって直ぐの、世界の歴史はどこへ行くのかといった不安な情勢に重ねる、存在の揺らぎとして捉えられたのではと、そしてだからこそ、それらを撥《は》ね退《の》けようとする強い意志の作品になったという気がしています。

態変旗揚げから40年を迎える

態変は1983年旗揚げなので、昨年2023年で態変芸術活動は40年になりました。

態変芸術は益々先を尖らせ最前衛であり、そこがこれまでと違った角度で見えるところがあり、まだ先を目指そうと思えるものでした。そして又、40年という年は、こういう集団の中でももう古株です。

最近の非常に光栄な特筆すべき公演のことは記録せねばバチが当たります。

『漆黒の赤』
AI・HALL（兵庫・伊丹） 2022年3月

ＴＰＡＭ（国際舞台芸術ミーティング in 横浜）という、全世界から舞台芸術の制作側のプロが集って意見交換をしたり、舞台芸術関連の見本市のようなことが行なわれる大きな企画が、以前は東京、最近は横浜で毎年開催されています。２０２０年と21年の2年連続で、態変がそのメインの公演の一つを仰せつかったのです。加えて２０２０年は私に基調講演のご指名がかかり、世界中からの聴講者を前に同時通訳付きで、この不寛容の時代におけるパフォーミングアーツの使命に関する2時間の講演をしました。２０２１年にはＹＰＡＭ（横浜国際舞台芸術ミーティング）と改名になったこのミーティングで、態変が「さ迷える愛」シリーズとして創ってきた、序・破・急三部作『翠晶の城』『箱庭弁当』『心と地』の一挙上演という大役をいただき、その上演は世界配信されました。これは態変が長い年月をかけ孤軍奮闘していただけではなく、ちゃんと見るべきところでは評価されてきた証しだ、と実感できたのです。

既存の美醜の価値感をひっくり返し、何某かの前人未到のものを打ち立てる。態変を立ち上げた使命はそこにあります。ケニア公演で一緒に行った技術者（照明・音響・舞台監督といった専門知識を持ったプロを舞台表現ではそう呼ぶ）に、「態変は世の中のアートよりも、50年は先に行ってしまってるから、世の中が態変に追いつくのには時間がかかるよ」と言われ、50年はオーバーかも知れないと思いましたが、世の中が追いつくのを待ってはいられないと、態変芸術をひた走りして来ま

『白花弁の歌』
AI・HALL（大阪・伊丹） 2022年11月

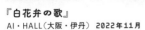

「さ迷える愛」シリーズ 序『翠晶の城』

「さ迷える愛」シリーズ 破『箱庭弁当』

「さ迷える愛」シリーズ 急 『心と地』

「さ迷える愛」シリーズ　序・破・急三部作
YPAM 2021（横浜国際舞台芸術ミーティング）招聘公演
KAAT／神奈川芸術劇場（神奈川・横浜） 2021年12月

した。

2016年7月26日

本書の復刻にあたり、この本を書いてから後の28年間の、前に向かって歩みを進めてきた報告をさせていただきました。

しかし、この時代に復刻されたこの本をお読みいただくに当たって、押さえておかねばならない時代の闇があります。

2016年7月26日、忘れもしないあの相模原施設障碍者虐殺事件。その日の未明、山奥に建てられた施設に、暴力を前提に包丁を何本も持ったその施設の元職員の男が押し入り、ベッドに寝ていた障碍者の首に次々と包丁を刺していきその内19名の命を奪う、このような事件が起こってしまったのです。

この事件が起きてから、隔離収容施設で育った経験を持つ者だ、という自分の存在の根幹に関わることについて、以前よりも増して思考をめぐらすようになっています。私の施設体験は、施設の劣悪な環境の中で人間の本質を考え、生きることに絶望しながらもそこから藻掻《もが》くようにして這い出てきて、社会に野垂れ死にの精神で身を投じることで、ようやく自分にしか創り得ない身体表現を芸術として、少しは演れて来たと思ってきました。しかしこの事件で、いくら施設に私の立脚位置があるとしても、それは感性の問題としての芸術性にこだわっていただけなのではないか、と突き付けられたのです。それまでの私は「施設サバイバー」という言葉に、「他を蹴落として生き残ってきた」との意味合いを感じていたので、「施設サバイバー」と言われることには違和感があったのです。

もっと具体的に言うと、この事件を知ったとき、〈施設って、障碍者を社会から隔離し排除するために社会が必要として建てているし、昔の私の経験から差別的な職員も多かったので、それを実行に移す奴が現れてもおかしくない〉と、冷静に受け止めようとした自分がいたし、今もそれは実感にあります。しかし、このように社会の仕組みがそうなんだと言ってみても、その先が見えず、下手をすると容認に聞こえることでしかない、と気付いたのです。それは、今の自分からその事件を遠ざけたい、という防衛本能なのではないかと。そうなってくると、幼かったころに施設という場所で、障碍児に対する職員という大人たちの異常な管理・非人間的な扱いという強烈な体験を持つ自分は、それを感性の面だけで芸術に還元しそれで済ませ、現に起こっているリアルな非人間的な事件へ、〈「こんなもんだ」と嘯《うそぶ》くのか？　あれだけ嫌に思っていた「施設サバイバー」への、自分が勝手に引いた解釈に自分が近付いているじゃないか〉という自問です。

そこまで気付き、もう一度、防衛本能に気付く、と、その逆もあり得る。つまり、私が子どものころの施設からそのまま大人の施設へ移されていたとしたら〈それは本当のリアルなこととして受け止められます!〉、おそらくもう外の世界には出て来れなかったであろう、と。そうだとすれば、私も、あそこに居てそこの施設で殺されていた一人になっていてもおかしくない、ということに気付かされたのです。

本書の初版の「あとがき」に、〈これまで、世の中にとっては、厄介で常に対策を講じなければならない対象としての「障碍者」しか存在していませんでした。でも今という時代、障碍者のイメージは確実に変わりつつあります〉と書いています。社会に対してかなり楽観的になっていた自分がいたと思います。その20年後に起きたこの事件で実行犯人は、まさに、〈世の中にとっては、厄介で常に対策を講じなければならない対象としての「障碍者」の存在は、要らない〉と、怖ろしい優生思想を露わにしたのです。

50年先を征《ゆ》く態変芸術に反して、障碍者を取り巻く社会情勢はこの事件が象徴するように、第二次世界大戦時のナチスの思想、自分たちの意に沿わない人間は皆抹殺してしまえと、そしてその先駆けとして大量虐殺を障碍者に行なった思想に逆戻りしたわけです。

隔離収容施設を体験し、そこを足場に社会を撃つ、私の場合は身体表現芸術、という方法がある。

態変の芸術を、どんなに無様《ぶざま》だと思われようが見せていく。まだまだ、足りない認知度を早急に知らしめていくことでしかない、と、この事件に投じられた身としては益々痛烈に思うのです。

「施設サバイバー」という呼称も肯定的に使おう。そして尚且《なおか》つ、それ以降の自立障碍者として、社会で芸術創造を積み重ねやってきた今があって当然。変化していいし、その全部が私の芸術の視点なのだ。施設サバイバーだと肯定的に言えるようにしたい、と解りました。

青い芝の会脱会以来、障碍者運動からは身を引き距離をおいて、態変芸術に邁進してきましたが、この事件が起こり、7月26日は施設解体に向けた、19名を弔う日、にしないとならないと考える仲間たちが集まり、「7・26施設障碍者虐殺事件追悼アクション」を、この命日に毎年大阪で行なうようになりました。

人類としての志を持って

私個人の出来事としては、この本に出てくる息子の里馬が結婚し昨年その子が産まれ、初孫ができました。

里馬たちは子の命名を陽満《はるま》と、満里の、満、をもらっていいか、と嬉しい申し出をくれました。

なにか、がむしゃらにでも、意志を次の世代に残すため、おかしいことにはおかしいと必死に足搔いてでも言い、嘘のない未来を刻むため自分のビジョンを芸術に形造り、生きることは闘うこと、とやって来たのが私の生きかたでした。それが子の世代へ、また次の世代が産まれることでしっかりと受け継がれようと基礎づけられ、とても誇らしく、見えるものだけでない意志の有り様が一番の宝なんだと、本当に教えられる有り難さです。

そしてこうして改めて自分の半生で書いた本へ、その後を加筆するということを通し、私の母親がやってきた古典芸能からの恩恵に大いに与《あずか》り、その精神を継承する者になっていたことを発見します。そして重度身障者として施設サバイバーである、という社会的立ち位置で、世の中の仕組みを根底から変える必要を感じます。それは人間の感性の問題に迫らないといけないことです。感覚や感性というところから来る、人間とは、といった美意識まで作り変えて行かないといけない。でないと人類は、深層にある五体満足優生思想から一歩も抜け出せず、それが人類を実は根本的な不自由さに呪縛し続けるのではないでしょうか。そこを問わず触らずで手を放してしまっては、これからの人類の先も無いのではないか、ということを考えます。そこを炙り出して行けるのが芸術だと。〈人間とは〉の規定を、マジョリティー側だけで決めつけて来た、と言えますが、そのことでマジョリティー側も自縄自縛《じじょうじばく》して来ていると言えます。社会の有り方への活動=アクティビティと、芸術、が態変の場合、がっぷり四つに組んでいなければ成立はしない、と考えています。

それも古典芸術というエッセンス的果汁の上に、態変の革新的な基本視点、地からのまなざし、を創造することである、ということ。それは単なる〈夢が叶う〉程度のことではなく、人類の端くれとしてやる使命があるんだ、と、先人たちの声として私に届けられているように感じます。

世界は今、ウクライナへのロシアの侵略戦争が長期化し、またパレスチナの地でガザがイスラエルによって破壊し尽くされようとしている、目を覆うばかりの酷い人類の悪でしかない戦争が2つも起こってしまいました。人が人としてつながり合って生きていくことを、戦争で徹底的にぶっ壊し破壊し尽くし、武力保持で従えさせ、人間の尊厳を根こそぎ奪おうと躍起になっている。戦争をやらかす者たちの本音は、戦場へは決して行かない一部の資本家が、富の収奪を恣《ほしいまま》にやりたいだけなのだと思います。

本当に人類は、もう破滅の方向へしか動いていないのじゃないか。

戦争ということでは、戦争になれば介護はどうなるのでしょうか。来年2025年で私の自立生活は開始から50年、半世紀に達します。24時間他人介護による地域での自立生活を、途切れなく介護者を募り、それに応える健常者らがローテーション介護でつなげ、私の命を支えて来たわけです。健常者の生きることの中に、他人の介護を組み入れるべきだと私は訴えています。介護は、誰

『私たちはアフリカからやってきた』
40周年記念公演
ABCホール（大阪・梅田） 2023年10月

もが内面化する差別に気づくよう、自らを抜き差しならないところへ追い込む意味があります。誰かを支配できるという強い立場の者が持つ、圧倒的暴力性を自覚する機会です。介護を受ける側は、身を晒してでも屈辱を屈辱のままにはしたくないと、健常者へも立ち会わせ目を逸らさせず、少しでも立場の違いを知る。その共通認識を創れる唯一の具体的実践だと考えています。ですから、戦争という事態になる前に、介護で人との関わりで瞬時の心のぶつかりと、それを問題にする強い信頼関係を作って行かなければと本当に思います。

　私にとってそんな介護を付けての自立生活の基盤があって、態変も芸術をやる集団として活

動がある、と常々に考え健常者にも伝え、共に歩んで来た長い道のりです。

41年目に突入した態変も、舞台での主役である障碍者たちと、バックステージの黒子や制作といった健常者たちとの共同性が、態変芸術創造ムーブメントとして成立させてきました。それは、いろんな形で障碍者と健常者をとりまく社会のその時代の試練に晒されながらも、常に現実を問題にし、乗り越えてきた大きな関係性の渦が確かにできてきたということです。これは人類の端くれであっても、その周辺にこそ実る、人間の持つ強靭《きょうじん》な生かし合いの豊穣《ほうじょう》な実践、の一つの証しではないでしょうか。

破滅に行くかどうかの世界の瀬戸際の今だからこそ、人類のこの先へのビジョンをしっかり持ち、腹を据え取り掛かって行こう、ということで締めくくりたいと思います。

母・金紅珠へ、共に歩んでくれているパートナー・仙城真と偉大なる

感謝を贈ります。

２０２４年１月20日　金満里

本書は、『生きることのはじまり』（筑摩書房／一九九六）を底本とし、加筆・改稿したものです。

金満里（キム・マンリ）

身体表現芸術家。一九五三年生まれの在日韓国人二世。ポリオ（脊髄性小児麻痺）後遺症にて首から下が弛緩性麻痺の重度障碍者。身体障碍者による身体表現を先端的芸術として発信する集団・態変の主宰者。二〇一六年社会デザイン賞優秀賞受賞。二〇二二年大阪市市民表彰・文化功労部門受賞。

写真

前見返し、一九ページ 北川幸三／**三〇三ページ** 中村道彦／**三四九ページ、四一一ページ下** 垂水章／**四一一ページ上、四一七ページ、四三一-四三三ページ** 未来／**四一五ページ** 吉田顕／**四一九ページ、四四五ページ** bozzo／**四二五ページ、四三七ページ下** 福永幸治／**四三七ページ上** Chen Wee Ling／**四四三ページ上** 青木司／**四四三ページ下** 山本宗輔／**四四七ページ、四四九ページ、四六〇-四六一ページ** 中山和弘／**四五〇ページ-四五一ページ** 前澤秀登

装画 ミロコマチコ／**装画撮影** 田村融市郎／**校正** 藤本徹／**組版** 飯村大樹／**ブックデザイン** 根本匠（コズフィッシュ）／**プリンティングディレクション** 鈴木純司（モリモト印刷株式会社）